루틴 없음

루틴의 발견

관념을 깨고 나답게 사는 기술

정용훈

채륜

프롤로그

우리는 왜 루틴을 따라야만 할까?

　신이 세상을 만들었을까? 아니면 사람이 만든 걸까?
　우리가 살고 있는 이 세상에는 수많은 문화가 존재하고, 그 안에는 각기 다른 삶의 방식과 패턴들이 있다. 어떤 곳에서는 그것을 '예의'라고 부르고, 어떤 곳에서는 '에티켓', 혹은 '매너'라 부른다. 겉으로 드러나지 않아도 모두가 따르는, 말하지 않아도 반복되는 습관과 흐름. 그 안에는 '루틴'이라는 이름의 무형의 규칙이 존재한다.
　나는 어느 순간 이런 생각이 들었다.
　우리는 왜 정해신 루틴을 따르며 살아야만 하는 걸까?
　어릴 적부터 우리는 시간표대로 움직이고, 사회가 정해 준 루트대로 인생을 설계 받는다. 아침 일찍 일어나야 하고, 일을 해야 하고, 저녁이 되면 쉬어야 한다는 '정상적인 삶의 리듬'이라는 것이 있다. 하지만 정말 그게 정답일까? 왜 어떤 사람은 루틴을 따르지 않아도 잘 살고, 어떤 사람은 루틴을 철저히 지키는데도 여전히 힘겨운 삶을 살아가는 걸까?

물론 '잘 산다'는 말은 상대적인 개념일 수 있다.

하지만 공통적으로 느껴지는 건 있다. 이 세상은 결국 '사람'이 만든 것이며, '사람'이 만들어 낸 기준과 흐름에 의해 움직인다는 점이다. 누군가는 루틴을 만들고, 누군가는 그것을 따르며 살아간다. 또 누군가는 자신만의 루틴을 깨부수고 새로운 흐름을 만들어 낸다. 나는 이런 사람들을 보며 한 걸음 물러나 생각하게 되었다. 지금 우리가 따르고 있는 이 루틴이라는 것이, 과연 절대적인 걸까?

결론은 '아니오'였다.

사람은 지극히 주관적인 존재이고, 그 판단과 선택은 언제나 유동적이다. 그렇기에 사람들이 만들어 낸 '루틴'이라는 것도 완전하지 않다. 오히려 때로는 개인의 가능성을 제한하고, 삶의 활력을 갉아먹는 족쇄가 되기도 한다. 그런데도 우리는 그 틀 안에 스스로를 가두고 '이게 정상이다'라고 믿으며 살아간다.

그런데 나는 루틴을 벗어난 채 살아가는 사람들을 보게 되었다.

그들은 남들과 다른 리듬으로 살아가지만, 그 삶은 오히려 더 자유롭고 생기 있어 보였다. 누가 보기엔 게으르고 불규칙해 보일 수 있지만, 자세히 보면 남에게 피해도 주지 않고, 오히려 자기만의 삶에 충실하다. 기존의 틀을 따르지 않아도 충분히 가치 있게 살아가는 사람들. 그들은 내게 새로운 질문을 던졌다.

'루틴 없이도 살아갈 수 있지 않을까?'
___

그 순간, 나는 이 책을 쓰기로 결심했다.

이 책의 제목은 《루틴 없음》이다.

이 책이 말하고자 하는 바는 명확하다.

루틴이라는 이름 아래 자신을 억누르고 있던 이들에게, 반드시 정해진 틀을 따르지 않아도 괜찮다고 말해 주고 싶었다. 루틴을 지키는 것도 훌륭하지만, 그 루틴을 만들고 바꾸는 주체 역시 나 자신이라는 것을 깨닫는 것이 중요하다. 우리는 스스로를 위해 루틴을 선택할 수 있어야 한다. 돌아보면, 나 역시 정해진 흐름 안에서 살기도 했고, 그 흐름을 과감히 벗어나기도 했다.

때론 불안했지만, 그 불안이 나를 성장시켰다. 중요한 건 무조건 루틴을 따르는 것이 아니라, **나에게 맞는 흐름을 찾는 것**이었다. 세상이 만든 루틴 속에 자신을 가두기보다, 자신만의 리듬과 방식으로 인생을 살아가는 것. 그것이 내가 말하고 싶은 '루틴 없음'의 진짜 의미다.

이 책은 그 자유로운 여정으로 향하는 작은 초대장이다.

당신도 스스로 만든 루틴 안에서 지쳐 있다면, 이 책을 통해 새로운 길을 상상해 보길 바란다. 삶은 정답이 있는 시험지가 아니다. 루틴 없다는 건 무질서가 아니라, 자기 방식대로 살아갈 수 있는 가능성의 시작이다.

이제, 그 가능성을 당신과 함께 열어 가고 싶다.

차 례

04   프롤로그 우리는 왜 루틴을 따라야만 할까?

1장   익숙한 말이 당신을 지배한다

12   나는 왜 자기계발을 시작했을까?
16   꾸준함은 만능이 아니다, 꾸준함에 대한 재해석
20   성공하는 방법에 집착하지 마라
24   나중을 위해 지금을 희생하라는 말은 위험한 조언이다
28   새벽 기상이 성공의 기준일까, 정말?
32   루틴이라는 함정, 사람들은 왜 루틴에 집착할까?
37   자라면서 가장 많이 들은 말은 무엇인가?
42   작가는 유행어를 만들고 우리는 지배당한다
47   '~하면'이라는 조건문은 행복을 무너뜨린다
51   제한된 신념을 파악하라

2장   루틴이 아닌, 선택이 변화를 만든다

58   대충 엉망으로 시작해도 된다, 시작이 가장 어렵다
63   예술가처럼 살아가라
68   돈이 많다면 무엇을 할 것인가?
73   눈 딱 감고 100까지 세기, 숫자로 마음의 어그로를 끌어라
78   인생은 한 방일지도, 대충 얻어걸리게 하라
83   지구력보다 창의력인 세상, 내 방식대로 모험할 것
87   좋은 느낌을 기억해라

92	아침에 일어나면 SNS 먼저 본다
97	한 가지 일만 해야 한다고? 난 여러 가지 일을 하며 살아간다
102	왜? 라는 질문이 돈이 되는 시대

3장 생각을 다르게 하면 인생이 달라진다

110	새로운 것을 만들지 말고 모방부터 해라
114	정보의 시대는 충동이 답이다
119	나는 돈이 없을수록 택시를 탄다
124	과거가 나를 만든 것이 아니다
128	빨리 포기하는 사람이 성장한다
133	우리도 태어난 김에 살아 보자
137	내뱉은 말을 꼭 지키지 않아도 된다
141	의지가 약한 게 아니라, 환경이 강한 거다
145	상식을 다 알 필요는 없다, 부끄러우면 자연스럽게 배우게 된다
149	미룰 수 있을 때까지 미룬다

4장 감정과 생각을 다루는 법

156	때문에 대신 덕분에
160	"그럴 수도 있지 뭐." 인간관계의 치트키
164	우울할 땐 그냥 눕는다
168	뭔가에 몰입하면 마음이 편해진다
172	하기 싫은 일을 흘려보내는 법

176   "그거 안 될걸?" 부정의 전염을 끊는 연습
180   울적할 땐 밝은 옷을 입는다
184   상대를 바꾸려 하지 않아야 상대가 바뀐다
188   누구에게나 감정의 배출구가 필요하다
192   욱하는 게 문제가 아니다, 문제는 그 이후다

5장   돈을 끌어오는 미친 생각법

198   돈은 나를 자유롭게 해 주는 친구다
202   하고 싶은 일을 하며 돈을 버는 방법
207   N잡은 필수인 시대, 올인보다 살아남는 게 중요하다
211   빚은 빛이다, 돈이 없으면 과감하게 빌려라
215   "돈이 들어온다." 무의식을 프로그래밍하는 주문의 힘
219   뭔가를 팔아야 돈이 된다
223   할 수 있다면 비싼 것을 골라라
227   돈이 들어오는 사주가 따로 있을까?
232   "언제 밥 한번 먹어요."는 돈을 놓치는 말이다
236   주는 사람이 결국 얻는다

240   **에필로그** 이 책 또한 루틴으로 만들지 않길 바라며

1장

익숙한 말이 당신을 지배한다

나는 왜 자기계발을 시작했을까?

내가 처음 읽었던 자기계발서는 스티븐 코비의 《성공하는 사람들의 7가지 습관》이었다. 누군가에게는 흔한 입문서일지도 모르지만, 내게는 첫 시작이었다. 그 책은 말한다. 성공하는 사람에게는 일정한 패턴이 있다고. 성공은 우연이 아니라 반복 가능한 습관에서 비롯된다는 것이다.

그 책에 적힌 내용은 지금 돌이켜 봤을 때 어찌 보면 너무나도 당연한 이야기들이었다. 시간 관리, 주도성, 목표 설정, 관계 유지… 그 어떤 것도 특별한 비법처럼 느껴지진 않는다. 하지만 당시의 나는 그 책을 읽으며 '이대로만 하면 나도 성공할 수 있겠구나'라는 희망을 품었다. 그래서 곧장 실천해 보려 애썼고, 그것이 내가 자기계발이라는 세계에 발을 들인 계기였다.

하지만 곧 알게 되었다. 만약 성공에 일정한 패턴이 정말로 존재하고, 그것이 누구에게나 똑같이 적용된다면, 이 세상 모든 사람은 이미 성공을 이뤘을 것이다. 그러나 현실은 다르다. 지구상의 모든 사람이 추구하는 성공의 방향, 처한 환경, 그리고 삶의 조건은 제각기 다르다. 그렇기에 성공을 위해 필요한 습관이나 방식 역시 사람마다 달라질 수밖에 없다.

만약 성공이 단 몇 가지 원칙으로 정의되고, 그에 따른 방법론이 하나뿐이었다면, 서점의 '자기계발' 코너는 진즉 사라졌을 것이다. 사람마다 다른 삶을 살고, 그에 맞는 길을 찾아야 하기에, 우리는 끊임없이 새로운 자기계발을 요구받고 있는 것이다.

무엇보다 2025년, 지금 우리가 살아가는 시대는 그 어느 때보다 빠르게 변화하고 있다. 정보는 넘쳐 나고, 기술은 매일같이 새로워지며, 기준도 계속해서 바뀌고 있다. 이런 시대에서 중요한 것은 단순히 '방법'을 좇는 것이 아니라, 변화 속에서도 흔들리지 않을 '본질'을 파악하는 일이라는 걸 깨닫게 되었다.

그런 모습을 바라보며 나는 다시 물었다. '나는 왜 이 책을 처음 집어 들었던가?' 답은 간단했다. 나는 성공하고 싶었기 때문이다.

그렇다면 다시, 성공이란 무엇인가? 사람마다 기준은 다르겠지만, 나에게 성공이란 '돈을 많이 버는 것'이었다. 그건 단순한 욕망이 아니라 절실한 목표였다. 어릴 적부터 늘 돈에 대한 결핍이 있었고, 그로 인해 자유롭게 선택할 수 없었던 순간들을 수없이 겪어야 했다. 그 모든 불편과 무력감을 해결해 줄 수 있는 것이 바로 돈이라고 믿었다.

하지만 문제는 그 방법을 몰랐다는 데 있다. 어떻게 돈을 많이 벌 수 있을까? 정답을 몰랐기에, 나는 자기계발서를 붙잡기 시작했다. 그것이 내가 세상을 이해하고 내 위치를 바꿔 보려는 첫걸음이었다.

그런데 어느 날 문득 또 하나의 질문이 생겼다. "나는 왜 돈을 많이 벌고 싶은 걸까?" 단지 성공이라는 타이틀 때문일까? 유명해지기 위해서? 혹은 무언가 대단한 업적을 남기고 싶어서? 아니다. 내 진짜 목적은 그것들이 아니었다.

나는 자유를 원했다. 마음껏 사고 싶은 걸 사고, 가고 싶은 곳에 가고, 하기 싫은 일은 하지 않을 수 있는 삶. 내가 진정으로 원하는 삶은 '자유로운 삶'이었다. 그리고 이 자유는 돈이 없이는 불가능하다는 걸 너무나 잘 알고 있었다.

이 시대에 자유는 싸지 않다. 오히려 가장 비싼 가치다. 돈이 많이야 누구에게도 끌려가지 않고, 나만의 기준으로 삶을 선택할 수 있다. 그리고 그 돈은 누군가에게 가치를 제공할 수 있는 능력에서 온다.

그때부터였다. 나는 진짜 '성공'의 본질이 무엇인지 마주하게 되었다. 내가 좇고 있었던 것은 단순히 외적인 성취가 아닌, 간섭받지 않는 삶, 억압받지 않는 삶, 즉 진정한 자유였다. 그 후로 나는 자유를 좇기 위해 고군분투하게 되었다.

누군가의 기준이나 시선에 따라 살아가지 않고, 내 삶의 방향을 내가 선택하고 이끌어 갈 수 있는 삶. 그게 바로 내가 원하던 자유였고, 그 자유를 얻기 위해서 나는 지금까지도 끊임없이 나를 갈고

닮고 있다.

자기계발이란 결국 나에게 있어 '어떤 것에도 억눌리지 않고 내가 나로서 살아가기 위한 여정'이다. 남들이 보기에 잘났다는 평가를 받기 위해서가 아니라, 스스로를 당당히 사랑하고 지켜 내기 위해 시작한 여행인 것이다.

방송인 서장훈이 말한 한 문장이 마음에 남는다. "돈이 많아서 좋은 이유는 딱 하나, 돈이 없어서 해야 하는 아쉬운 말을 안 해도 된다는 것이다." 이 말이야말로 내가 바라는 삶을 정확히 표현해 준다.

돈이 주는 자유는 단지 물질적인 풍요만이 아니다. 사람들의 시선에서도 자유롭고, 내 욕구에서도 자유롭다. 더 나아가 사회적인 관계 속에서도 당당해질 수 있는 힘을 준다.

그래서 나는 오늘도 자기계발을 멈추지 않는다. 자유를 쟁취하기 위한 나만의 싸움은 아직 끝나지 않았다. 책을 읽고, 기록을 하고, 나를 점검하는 모든 행위가 결국은 나를 얽매는 끈을 하나하나 끊어 내는 작업이다.

누구도 대신 살아 줄 수 없는 내 인생에서, 내가 주체가 되기 위한 가장 직접적이고 현실적인 길이 바로 자기계발이었다. 그리고 그 길 위에 서 있는 지금의 나는, 과거의 나보다 조금 더 자유롭다.

나는 오늘도 묻는다. "나는 왜 자기계발을 하는가?"

그 대답은 여전히 명확하다. 자유로운 삶을 살기 위해서. 고생 끝에 낙이 온다는 착각은 얼마나 오래 나를 속였을까?

꾸준함은 만능이 아니다, 꾸준함에 대한 재해석

"꾸준히 하면 무조건 잘된다"는 말은 절반은 맞고, 절반은 틀리다. '꾸준히 해라'는 말을 들으면 어떤가? 나는 이 말만 들어도 알레르기 반응이 일어날 정도로 강한 거부감을 느낀다. 이유는 분명하다. 내 주변 사람들은 늘 나에게 꾸준함이 부족하다고 지적했고, 경고했다.

그중 한 명, 내게 꾸준해야 한다고 조언하던 형은 지금 어디에 사는지도 모른다. 그렇게 꾸준함을 강조하던 그는 정작 본인은 삶의 방향을 잡지 못하고 방황하다 결국 내 인맥에서 사라졌다. 그뿐만이 아니다. 나에게 꾸준함을 강요하던 사람들 대부분은 자신들조차 꾸준함을 유지하지 못한 채, 원하던 삶과는 거리가 먼 현실을 살아가고 있었다.

그늘은 '꾸준함=성공'이라는 공식을 맹신하고 있었던 것 같다. 대부분의 사람들은 '꾸준히 해야 먹고 살 수 있다' '성공하려면 성실하게 버텨야 한다'고 믿는다. 하지만 과연 이런 믿음은 언제부터 생겨난 것일까?

나는 이 꾸준함이라는 가치가 그리 오래된 개념은 아니라고 생각한다. 수렵사회에서는 꾸준히 한다고 사냥에 매번 성공했을 리 없다. 오히려 순간의 타이밍, 빠른 판단, 날카로운 직감이 사냥의 성패를 좌우했다. 당시에는 덫을 설치하고 기회를 기다리는 전략적 사고가 중요했을 것이다.

꾸준함이라는 가치가 본격적으로 생겨난 건 아마도 농경사회로 접어들면서부터일 것이다. 농경사회에서 인간은 하나의 패턴을 발견하게 된다. 봄에 씨앗을 심고, 여름에 가꾸며, 가을에 수확하는 순환 구조. 이로 인해 인간은 '결과를 얻기 위해 시간을 견뎌야 한다'는 인식을 갖게 되었고, 이 사고방식은 세대를 거쳐 깊이 뿌리내리게 된다.

그렇게 꾸준함은 하나의 미덕이자, 성공의 필수조건처럼 자리잡게 되었고, 모든 성공담에는 빠지지 않고 등장하는 키워드가 되었다. 나 또한 이러한 흐름을 부정하지는 않는다. 꾸준함은 분명 성공의 한 요소가 될 수 있다. 하지만 꾸준하다고 해서 무조건 성공하는 것은 아니다.

예를 들어, 마트에서 성실하게 일한 끝에 '최고의 사원'으로 인정받은 우리 엄마는 누구보다 꾸준했지만, 그 꾸준함이 우리가 흔히 말하는 '성공'으로 이어졌다고 보긴 어렵다. 또, 반도체 회사에서 10년 넘게 일하고 있는 내 지인 역시 매우 성실하지만, 여전히 한 회사의 직원일 뿐이다.

꾸준함만으로는 꿈꾸는 삶에 도달하지 못하는 경우가 훨씬 많다. 그렇다면 꾸준함이 어떤 상황에서 의미 있는 가치로 작용할 수 있을까?

바로 '명확한 목표'가 있을 때다. 목표 없이 반복되는 하루를 살아가는 것과, 분명한 목적을 가지고 하루하루를 견디는 것은 완전히 다른 이야기다. 그리고 그 목표가 달성되었다고 해도, 그것이 곧 원하는 성공을 의미하지는 않는다. 성공이라는 것은 운, 환경, 성격, 기질 등 다양한 요소가 결합되어 만들어지는 복합적인 결과이기 때문이다.

이제 세상은 바뀌었다. 단순히 꾸준하다고 해서 성공할 수 있는 시대가 아니다. 비트코인 초기 투자로 억만장자가 된 사람들, 작은 아이템으로 시장의 수요를 맞춰 부자가 된 창업자들을 보라. 그들은 일정한 성실성을 가졌을 수는 있지만, 대다수는 "운이 좋았다"고 말한다. 중요한 건 '꾸준함'보다 '타이밍'과 '판단'이라는 것이다.

현실을 살펴보면, 단지 꾸준함 하나로 잘된 사람보다, 여러 환경적 요건을 잘 조합해 성공한 사람이 훨씬 많다. 그럼에도 불구하고 사람들은 여전히 꾸준함을 강요한다. 왜일까? 그것이 가장 단순하고 보편적인 방법이기 때문이다.

꾸준함은 사실 누구에게나 쉬운 일이 아니다. 성향의 문제다. 어떤 사람은 반복된 루틴에서 안정감을 느끼며 하루를 살아가는 데 만족을 느끼지만, 어떤 사람은 변화와 다양성 속에서 창의력을 발휘하고 활기를 느낀다.

나처럼 예술가적 기질이 강한 사람에게는 똑같은 일을 반복하는 것만큼 지루한 일이 없다. 책도 쓰고, 음악도 만들고, 영상도 편집하는 다양한 활동 속에서 삶의 의미를 느낀다. 이런 사람에게 꾸준함을 강요하는 건 마치 날지 못하는 새에게 계속 날갯짓하라고 강요하는 것과 같다.

따라서 누구에게 꾸준함을 요구하기 전에, 먼저 그 사람의 성향이 어떤지 고민해 봐야 한다. 그리고 절대 그 사람에게 "너는 꾸준하지 못해서 안 된다"고 말해서는 안 된다. 우리가 사는 세상은 약점을 고치는 사회가 아니라, 강점을 강화해 자신만의 시장을 창출해야 하는 시대이기 때문이다.

나는 꾸준하지 못하다. 하지만 대신 다양한 것을 시도할 수 있는 추진력과 창의력, 그리고 모험심이 있다. 그것이 나의 강점이며, 이 강점을 무기로 삼아 나만의 길을 개척해 나가고 싶다.

꾸준함이 장점인 사람에게는 꾸준히 할 수 있는 일을 맡기고, 우리는 우리대로 용기를 가지고 세상이라는 미지의 땅을 탐험하자. 그리고 더 이상 스스로를 "나는 꾸준하지 못해서 안 돼."라고 자책하지 말자. 그 대신, "나는 다양성을 무기로 가진 사람이다."라고 말하자. 그것이 당신을 더 멀리, 더 자유롭게 이끌어 줄 것이다.

성공하는 방법에 집착하지 마라

 바야흐로 2025년은 그야말로 '성공'이라는 단어가 가장 많이 회자되는 시대다. 거리에서, 카페에서, 유튜브에서, 책에서, 심지어 뉴스에서도 사람들은 성공을 말한다. 그만큼 모두가 성공을 갈망하고 있다는 방증일지도 모른다. 재미있는 건, 이제는 의사, 심리학자, 뇌과학자, 심지어 물리학자까지 나서서 각자의 전공을 연결해 '성공의 비밀'을 말하고 있다는 점이다. 뇌과학으로 알아보는 성공비법, 양자역학으로 해석하는 성공의 길, 심리학으로 분석한 성공하는 사람들의 마인드셋, 그리고 사업가들의 성공하는 아이템까지. 모두가 자신만의 방식으로 '성공'을 해석하고, 전하고, 팔고 있다.

 이러한 흐름을 보면 오히려 역설적으로, 사회 전체가 얼마나 힘든 상황인지 알 수 있다. 모두가 힘드니 위로받고 싶고, 누군가의 성공 방식을 그대로 따라 하고 싶고, 그래서 조금이라도 안정되고 싶기 때문이다. 특히 우리나라처럼 타이틀에 민감한 사회에서는 '교수'라는 직함 하나만으로도 그의 말은 100% 진리처럼 받아들여진다. 그러나 내가 이해하는 '성공'의 정의는 다르다. 내게 성공이란, 단순히 유명한 것을 넘어서 많은 돈을 벌고, 자신의 삶을 자유롭게 설계할 수 있는 능력을 가진 상태다. 그런데 과연 교수님들이 그런 성공의 표본이 될 수 있을까?

물론 이론적으로는 누구보다 많이 알 수 있다. 연구하고 분석하고, 패턴을 찾아내는 일은 그들의 주특기이니까. 하지만 실제 삶에서는, 특히 성공이라는 복잡하고 개인차가 큰 여정에서는 이론이 전부가 아니다. 오히려 실전에서 수없이 넘어지고 다시 일어나는 과정을 통해, 자신만의 답을 찾는 게 진짜다. 걸음마를 배울 때 하루에 2천 번 넘어진다고 하지 않나. 그것이 우리가 배워야 할 진짜 성공의 과정이다.

요즘 유튜브를 보면 성공을 말하는 사람들은 마치 그 길만이 정답인 양 말한다. 그럴싸한 루틴, 반드시 지켜야 할 아침 습관, 책을 읽는 방법, 인간관계 정리법까지. 그러나 중요한 건 '그 사람에게 맞는 방식'일 뿐이지, 모두에게 적용 가능한 보편적 진리가 아니라는 점이다. 성공한 사람을 따라 하고 싶을 수도 있다. 하지만 그가 성공한 이유는 수많은 실패와 좌절을 통해 자기만의 방식을 찾았기 때문이다. 그 핵심은 단순한 루틴이 아니라, 실패를 대하는 자세와 위기를 극복하는 태도에 있다.

또 하나 우리가 경계해야 할 것은, 성공을 너무 이론적으로 소비하는 것이다. 성공한 사람들의 철학과 자세를 배우는 것과, 그들이 말하는 방식만 그대로 따르는 것은 완전히 다른 이야기다. 예를 들어, 루틴 없이 자유롭게 창의적으로 살아서 성공한 사람도 있고, 루틴을 철저히 지켜서 성공한 사람도 있다. 우리가 배워야 할 것은 그들의 방식이 아니라, 그들이 어떻게 자신의 삶에서 정답을 찾아 갔는지에 대한 태도다. 모든 것은 '나에게 맞는지'를 기준으로 검토해야 한다.

성공은 결코 단순하지 않다. 실패와 좌절, 포기하고 싶은 유혹, 주변의 시선까지 모든 걸 뚫고 나가야만 비로소 '성공'이라는 문턱에 닿을 수 있다. 그런 과정을 겪은 사람이라면, 누군가에게 성공을 말할 때 비법이 아니라 경험을 전할 것이다. "나는 이런 문제에 이렇게 대응했다." "그때 이렇게 선택해서 지금의 내가 있을 수 있었다."처럼, 문제 해결 과정과 그 속의 감정을 공유하는 사람이 진짜 신뢰를 얻는다. 나도 그런 사람이 되고 싶다.

사실 나는 이 책을 쓰기 전까지도 다섯 권 넘게 책을 냈지만, 한 번도 스스로를 '작가'라 부르지 않았다. 왜냐하면 스스로 성공한 작가라고 생각해 본 적이 없기 때문이다. 이 책도 어떻게 될지는 모르겠다. 하지만 나는 이번에도 한 걸음 내디딘다. 넘어질지라도 다시 일어날 것이고, 또 쓰고 또 걸을 것이다. 마치 걸음마를 배우는 아이처럼. 언젠가 베스트셀러 작가가 되었을 때, 나의 성공 스토리는 이미 지금보다 훨씬 더 풍부하고 다채로워져 있을 것이다.

성공을 말하는 시대에 살고 있는 우리. 이제는 성공하는 법이 아니라, '내가 어떤 사람으로 성장하고 싶은가'에 집중해야 할 때다.

그리고 그 과정 속에서 나만의 철학과 태도를 정립해 나가는 것. 그것이야말로 진짜 성공으로 가는 길이다. 할 게 없으면 '운이 좋다'고 암송하라, 그게 진짜 여유다.

나중을 위해 지금을 희생하라는 말은
위험한 조언이다

정말로 미래의 결과를 위해 현재를 포기해야만 할까?

그 미래라는 건 과연 우리가 예측할 수 있는 걸까?

앞으로 어떤 일이 벌어질지도 모르는 이 불확실한 세상에서, 그저 언젠가 좋은 결과가 올 거란 믿음 하나로 현재를 희생하는 건, 마치 오늘 당장 먹을 수 있는 초콜릿을 끝없는 약속 속에서 미뤄 두는 것과 다를 바 없다.

혹시 마시멜로 실험을 들어 본 적 있는가?

아이들에게 마시멜로 하나를 주고 어른이 이렇게 말한다. "내가 돌아올 때까지 이걸 먹지 않고 기다리면 하나 더 줄게." 그리고 나중에 이 실험에 참여했던 아이들을 추적해 봤더니, 마시멜로를 참아 낸 아이들이 더 좋은 직업과 환경에서 성공했다고 연구는 주장한다. 그래서 사람들은 '참을성=성공'이라는 공식을 자연스럽게 받아들이게 되었다.

하지만 여기엔 큰 오류가 있었다.

마시멜로를 참아 낸 아이들이 성공한 진짜 이유는 자제력 때문이 아니라, 그 아이들이 자란 환경 자체가 안정적이었고, 부모의 경제력과 사회적 지위가 뒷받침됐다는 사실이 뒤늦게 밝혀진 것이다. 다시 말해, 참았기 때문에 성공한 게 아니라 애초에 성공 가능성이 높은 환경에 있었던 것이다. 결국 이 실험은 절제를 미덕으로 삼는 가설을 뒷받침하기 위한 유리한 해석일 뿐이었다.

사실 한 사람의 인생을 온전히 추적하면서 인과관계를 명확히 밝혀내는 건 거의 불가능에 가깝다. 특히 심리학 실험이라는 것은 교수 개인의 가설에서 출발하는데, 그 가설을 증명하기 위해 연구 디자인이 짜여진다. 그러니 "어떤 연구 결과에 따르면…"이라는 문장이 나올 때, 그건 절대적인 진리가 아니라 '그 교수의 의견' 정도로 받아들이는 게 맞다. 아직 우리는 뇌, 감정, 마음, 심지어 영혼의 메커니즘조차 완벽히 이해하지 못한 상태다. 그런 불완전한 전제 위에 쌓인 이론들은 언제든 무너질 수 있다.

그렇다면 왜 사람들은 여전히 "지금을 참으면 내일은 행복해질 거야."라는 말을 믿을까?

이건 정치, 종교, 사회 전반에서 통용되는 통제 수단이기도 하다. '지금은 고통스럽더라도 인내하면 장밋빛 미래가 기다리고 있다'는 말은 사람들을 조용히 만들고, 참게 만들고, 버티게 만든다. 시스템에 순응하게끔 설계된 그럴싸한 말일 뿐이다. 이 말에 속아 지금을 미루는 수많은 사람들이 있다. 그런데 만약 그 장밋빛 미래가

오지 않는다면?

나는 그런 경우를 수없이 봤다.

사람들은 목표를 세우고 이를 악물며 살아간다.

하지만 그 목표를 향해 가는 동안 고통만을 감내하며 결국 이뤄낸 사람은 거의 본 적이 없다. 성공한 사람들, 심지어 위인들의 삶을 살펴봐도 그들은 결과보다 '과정 자체를 즐겼다'. 스포츠계에서도 이런 말을 자주 한다. "남들은 여덟 시간 훈련할 때 나는 열 시간 했다." 이런 말은 성공 후의 인터뷰에서 갈등 요소를 부각시키기 위한 스토리텔링일 뿐이다. 실제로는 그 훈련과정마저 좋아했던 사람들이 대부분이다.

나도 마찬가지다.

지금 이 책을 쓰는 과정은 절대 쉽지 않다.

분량을 맞춰야 하고, 초안을 고치고, 자료도 조사해야 한다. 가끔 노트북이 느려져 집중이 흐트러지고, 갑자기 일이 생겨 글을 못 쓸 때도 있다. 쓰기 싫은 날도 있다. 하지만 그럼에도 불구하고 나는 여전히 이 작업을 멈추지 않고 있다. 왜냐하면 결국 나는 이 과정을 '좋아하기' 때문이다. 글을 쓰는 시간이 나에게는 몰입의 시간이며, 키보드를 두드리는 소리마저도 나를 행복하게 만든다.

가끔은 호텔이나 카페에서 노트북을 펼치고 글을 쓰는 나의 모습을 제3자의 시선으로 상상한다. 그 모습이 그렇게 멋있을 수가 없다. 베스트셀러 작가가 되는 게 목표이긴 하지만, 나는 그 목표를 위해 현재를 희생하는 게 아니다. 오히려 이 '글을 쓰는 지금'을 사랑하기 때문에 베스트셀러가 되든 아니든 상관없이 나는 이 시간을 이어 가고 싶은 것이다.

이처럼 목표를 이루는 가장 좋은 방법은 현재를 억누르는 게 아니라, 지금 이 순간을 진심으로 즐기는 것이다.

결국 성공은 결과를 향한 고통스러운 기다림 끝에 찾아오는 것이 아니라, 현재에 몰입한 사람에게 자연스럽게 다가오는 것이다. 그러니 이제는 '연구 결과에 따르면' 같은 말에 현혹되기보단, 스스로에게 물어봐야 한다.

"나는 무엇을 할 때 시간 가는 줄 모르고 몰입하는가?"

"내가 가장 즐거운 순간은 언제인가?"

"그 순간은 누가 시켜서 한 것이 아니라, 내가 스스로 하고 싶었던 것인가?"

이 질문에 진심으로 대답하다 보면, 언젠가 당신만의 스타일, 당신만의 길이 눈앞에 펼쳐질 것이다.

그리고 그 길 위에선 어떤 연구 결과도 필요 없다.

당신이 살아가는 지금 이 순간, 그것이 이미 최고의 증거이기 때문이다.

새벽 기상이 성공의 기준일까, 정말?

물론 아침에 일찍 일어나는 습관이 어떤 사람에겐 큰 도움이 된다. 집중력이 올라가고, 조용한 시간에 일을 처리할 수 있고, 몸이 가볍고 정신이 맑은 상태로 하루를 시작할 수 있다. 그런데 그게 정말 모두에게 효과가 있을까? 성공학에서 아침형 인간, 나아가 새벽형 인간이 강조되는 이유는 정말 합리적인 분석의 결과일까? 아니면, 우리가 모르는 누군가의 프레임에 갇혀 있는 건 아닐까?

많은 자기계발서가 아침의 중요성을 강조한다. 심지어 '미라클 모닝'이라는 말까지 유행했다. 아침 5시에 일어나 운동, 독서, 명상, 계획 세우기를 하면서 하루를 시작하라는 것이다. 듣기만 해도 대단한 루틴처럼 느껴진다. 그리고 이 이야기를 접한 사람들은 다짐한다. "나도 내일은 꼭 5시에 일어나야지." 하지만 그런 다짐은 보통 3일을 못 간다. 왜? 우리의 생체 리듬과 맞지 않기 때문이다.

사실 책이 잘 팔리려면 대중이 하기 힘든 습관을 제안하는 게 유리하다. 극복하기 어려운 중독, 유지하기 힘든 규칙, 익숙하지 않은 루틴. 이런 것일수록 "성공한 사람은 다 이렇게 해요."라고 포장하기 좋다. 사람들이 하지 못할수록 책은 틀렸다는 생각보다 '내가 부족해서 못했구나'라고 자기비판을 하게 되고, 다시 그 방법을 반복하려고 한다. 아주 영리한 구조다.

하지만 과연 그게 진짜 정답일까? 내 얘기를 해 보자. 나도 한동안 '미라클 모닝'에 푹 빠져 있었다. 새벽 5시에 일어나 보일러도 안 켜진 찬방에서 스트레칭을 하고, 멍한 정신으로 책을 읽고, 억지로 명상을 하며 스스로를 다독였다. 처음엔 뿌듯했다. '나도 이제 성공하는 사람이 되는구나' 하는 착각이 들었다. 그런데 그 생활을 한두 달 반복하자 내 몸은 점점 망가졌다. 학교 수업 중에는 졸기 일쑤였고, 밤에는 잠이 들지 않아 무한 루프에 빠졌다. 결국 그 기간 동안 얻은 건 '내가 실패자다'라는 자책감과, 망가진 컨디션뿐이었다.

반면, 내 주변엔 루틴 없이 살아가면서도 성공한 사람이 많다. 예를 들어, 나랑 친한 누나는 저녁에 활동하는 게 더 잘 맞는 사람이었다. 아예 밤낮이 바뀐 생활을 선택했고, 그 리듬에 맞춰 동대문 야시장에서 일하며 옷을 팔았다. 그리고 그 활동을 온라인으로 확장해 성공적인 의류 쇼핑몰을 운영하게 됐다. 새벽 5시에 일어난 적 한 번도 없다. 매일 저녁 6시에 시작해 새벽 4시에 끝나는 삶이었지만, 그녀에겐 그게 가장 자연스러운 흐름이었다.

다른 친구 하나는 프리랜서 영상편집자인데, 오후 3시에 일어나 새벽까지 일한다. 미팅도 대부분 저녁에 잡고, 영감도 밤에 떠오른다. 그는 이렇게 말한다. "내가 만약 아침형 인간이었으면 이 직업은 포기했을 거야." 실제로 그는 광고업계에서 상까지 받을 만큼 실력도 인정받았다. 그러면 그는 루틴 없이 실패한 사람일까? 아니다. 그는 자기 리듬에 최적화된 성공 루트를 찾은 사람이다.

성공한 사람 중 아침형 인간이 많은 이유는 그 사람들이 말을 많이 해서일 가능성도 있다. 미디어 인터뷰나 강연에서 "나는 아침 5시에 일어나서 하루를 시작합니다."라고 하면 듣는 사람들에게 권위가 생기니까. 반면 저녁형 인간이나 루틴이 없는 사람들은 그걸 자랑하지 않는다. "나는 오후 2시에 일어나서 천천히 커피 마시며 넷플릭스를 보다 일합니다."라고 하면 성공한 사람처럼 보이지 않으니까. 결국, 보이지 않는 프레임에 갇혀 우리가 따라 하고 있는 것일 수 있다.

더구나 요즘은 AI도, 기술도 발달하면서 일하는 시간대가 무의미해지고 있다. 인플루언서도, 디자이너도, 개발자도 각자의 시간에 일한다. 중요한 건 몇 시에 일어나는지가 아니라, 그 시간에 얼마나 몰입하고 효율적으로 일하는가 이다. 내 에너지의 피크 타임이 언제인지를 아는 것이 훨씬 중요하다.

그리고 우리는 스트레스를 너무 쉽게 받아들인다. '내가 아침형 인간이 아니니까 안 되는구나'라는 자기부정은 무의식 속에서 커다란 스트레스로 작용한다. 스트레스는 만병의 근원이고, 실제로 수명을 단축시키는 요소다. 우리가 알고 있는 장수한 인물들을 보면 오히려 정해진 루틴보다 자신이 좋아하는 삶의 방식을 따랐다. 트럼프는 콜라를 마시고, 워런 버핏은 치즈버거를 먹으며 아흔이 넘도록 정정하다. 결국 중요한 건 얼마나 자기 삶에 맞는 방식을 선택하느냐다.

결국 우리는 이렇게 결론 내릴 수 있다. 새벽형 인간이 성공의 기준이 될 수 없다. 그것은 일부 성공한 사람들의 사례일 뿐, 인류 전체에 적용할 수 있는 공식이 아니다. 중요한 건 '몇 시에 일어나느냐'가 아니라 '일어난 시간 이후의 삶을 얼마나 자기답게 살아가느냐'다. 아침형 인간이든, 저녁형 인간이든, 혹은 루틴 없이 살아가는 사람이든. 각자의 방식으로 하루를 살아가는 것, 그게 진짜 성공으로 가는 길이다.

지금 이 글을 읽고 있는 당신이 아침에 약한 사람이라면, 절대 스스로를 책망하지 말자. 당신은 실패자가 아니라, 아직 자기 방식의 성공을 찾고 있는 사람일 뿐이다. 그리고 그건 루틴 없이도 충분히 가능하다. 아니, 어쩌면 루틴이 없기 때문에 더 자유롭고 더 창의적인 삶을 살아갈 수 있는지도 모른다. 그러니 이제는 세상이 정해 준 성공의 틀에서 벗어나 자신만의 성공 공식을 만들어 가는 용기를 가지자. 그것이 진짜, 나다운 성공이니까.

루틴이라는 함정, 사람들은 왜 루틴에 집착할까?

한동안 루틴에 집착했었다. 무라카미 하루키의 생활 방식을 접한 이후였다. 그는 아침 일찍 일어나 수영을 하고, 몇 시간 동안 글을 쓰고, 마라톤을 뛰며, 저녁에는 맥주를 마신다고 했다. 그 삶의 루틴이 하루이틀이 아닌, 365일 지속된다는 이야기를 들었을 때, 나는 무릎을 탁 쳤다. '아, 성공하는 사람은 역시 다르구나' 싶었다. 그래서 나도 그를 따라 해 보기로 했다. 나만의 루틴을 만들어, 성공을 위한 정석처럼 실행에 옮겼다. 기상 후 식사를 하고 요가를 한 뒤 책을 쓰고, 저녁엔 대리운전을 했다. 그렇게 2년이 지났고, 결국 한 권의 책을 완성했다.

몇 번의 퇴고와 수성을 거쳐 자부심을 갖고 원고를 출판사에 보냈지만, 결과는 참담했다. 300군데가 넘는 출판사에서 단 한 곳도 출판을 해 주겠다는 곳은 없었다. 충격이었다. '나는 매일 썼고, 결국 책까지 완성했는데 왜?' 결국 나는 이 실패를 통해 한 가지를 뼈저리게 배웠다. 콘텐츠라는 것은, 내가 쓰고 싶은 것이 아니라 누군가가 읽고 싶어하는 내용을 담아야 한다는 사실이었다.

루틴이 글을 쓰게 도와준 것은 맞지만, 그 글이 사람들에게 읽히는 글로 이어지지는 않았다. 무라카미 하루키도 초반에는 하루 종일 글만 썼다고 한다. 그로 인해 삶의 밸런스가 무너졌고, 결국 글 쓰는 시간을 줄이고 수영, 마라톤, 맥주 같은 자신이 좋아하는 요소로 하루를 구성하며 삶을 디자인하게 된 것이다. 나처럼 그냥 그의 루틴만 따라 하면 성공할 수 있다는 착각은, 무라카미 하루키가 되기 위한 '과정'을 무시한 채 결과만 흉내 내려 한 어리석음이었다.

그렇다면 나는 왜 그토록 루틴에 집착했을까? 크게 두 가지 이유가 있다. 첫째는 '비법'을 좇은 것이고, 둘째는 '안정감' 때문이었다.

성공에 가까운 사람이 되고 싶었다. 그래서 누군가의 성공 뒤에는 반드시 비법이 있을 것이라고 믿었다. 마치 라면의 비밀 레시피처럼, 그것만 손에 넣으면 나도 성공할 수 있을 것이라고 착각했던 것이다. 하지만 그런 비기는 존재하지 않는다. 경험상 말할 수 있다. 물론 이런 시행착오를 겪었기에 이제는 비법이 없다는 것을 알게 되었지만, 사람은 원래부터 누군가를 모방하고 싶어 하는 존재다. 그 모방으로 상대가 이룬 결과를 자신도 얻게 되리라 기대하는 본성이 있다. 그래서 우리는 루틴을 따라 하게 된다.

물론 성공한 사람의 길을 따르는 것이 어느 정도는 도움이 된다. 그러나 그건 창의성보다 모방이 중요한 산업 구조 속에서나 가능한 얘기다. 이제는 '다름'의 시대다. 누군가를 따라 하더라도, 그것을 다르게 해석하고 자신의 색깔로 바꾸지 않으면 성공은 어렵다. 루틴이라는 것도 마찬가지다. 단순히 누군가의 루틴을 복사해서는 안 된다. 그 루틴 속에 담긴 '왜'를 이해하고, 그것을 기반으로 자기만의 루틴을 새롭게 구성해야 한다. 내가 몰랐던 건 바로 그것이었다. 나는 그저 무라카미 하루키의 루틴을 외워서 베꼈고, 결국 무라카미 하루키가 아니라 '평범한 정용훈'으로 살고 있었다.

두 번째, 루틴이 주는 안정감 때문이었다. 당시 나는 프리랜서였지만, 실제로는 먹고 살기 바쁜 하루벌이 삶을 살고 있었다. 밤에는 대리운전을 하고, 낮에는 작가라는 꿈을 안고 글을 썼다. 그런데 어떤 날은 글을 쓰지 않거나, 대리운전을 하지 않을 때가 있었다. 그러년 믿기 힘들 징도의 불안감이 몰려왔다. '나는 아무것도 하고 있지 않다'는 자책, 부모님과 세상에 대한 원망, 그리고 자기혐오가 겹쳐 영혼이 더러워지는 느낌이었다.

그때 우연히 '루틴'이라는 개념을 접했고, 실행에 옮기자 불안감이 줄어들고 대신 안정감이 찾아왔다. 특히 안정감을 삶의 가장 중요한 가치로 여기는 사람에겐 루틴은 엄청난 힘이 된다. 하지만 나에겐 오히려 그 루틴이 걸림돌이 되었다. 예를 들어, 나는 매일 아침 10시에 일어나 11시에 걷기 운동을 나가는 루틴을 1년 동안 이어갔다. 그런데 어느 날, 11시가 아닌 12시에 일어나게 되면, 그날 하루의 루틴이 무너졌다는 생각에 아예 운동을 포기하거나, 루틴에 방해되는 다른 도전들을 아예 시도조차 하지 않게 되었다.

결국 루틴은 나를 자유롭게 만드는 도구가 아닌, 나를 얽매는 족쇄가 되어 버렸다. '나는 루틴대로 살아야 하는 사람이야'라는 생각이 무의식에 깊이 각인된 탓이다. 마치 줄에 묶인 서커스의 코끼리처럼, 언젠가는 스스로 줄을 끊을 수 있는 힘이 있음에도 '나는 못해'라는 착각에 빠져 그 자리에서 맴돌기만 했다. 유연성과 융통성은 사라졌고, 오히려 고지식하고 보수적인 사람이 되어 있었다.

누군가는 루틴대로 살아가는 삶을 선택할 수 있다. 그게 좋다면 당연히 그렇게 살아도 된다. 하지만 나는 자유를 삶의 가장 큰 가치로 여긴다. 자유롭게, 유연하게 살아가는 것이 내 인생의 꿈이었다. 그렇기에 루틴은 수단일 뿐 목적이 되어서는 안 된다. 주객이 전도된 삶은 결국 지치고 무너진다. 내가 주체가 되어 루틴을 구성하고, 필요에 따라 여유롭게 수정하며 삶을 맞춰 가는 것이 진짜 의미 있는 루틴이다.

루틴은 내가 만드는 것이지만, 동시에 루틴이 나를 만들기도 한다. 그렇기에 함부로 루틴을 만들고 그 안에 빠져드는 것은 위험하다. 루틴이 나를 조종하게 하지 말고, 내가 루틴을 조종해야 한다. 그래야 내 삶이 내 것이 될 수 있다. 루틴은 내 삶을 돕는 도구일 뿐, 삶 그 자체는 아니다. 루틴에 잡아 먹히지 마라. 루틴을 이용해, 진짜 원하는 삶을 사는 것이 중요하다.

결국 내가 깨달은 건, 루틴 없이도 성공할 수 있다는 사실이다. 성공은 루틴을 얼마나 잘 지켰느냐가 아니라, 나에게 필요한 방향을 얼마나 잘 인식하고 유연하게 맞춰 갔는지에 달려 있다. 무라카미 하루키도 루틴 이전에 온전한 몰입의 시간을 가졌고, 그 후에 루틴을 통해 균형을 잡은 것이다. 나도 내 방식의 균형을 찾아야 한다. 그것이 나만의 진짜 루틴이고, 성공으로 향하는 내 길이다.

자라면서 가장 많이 들은 말은 무엇인가?

인간은 환경의 동물이다. 특히 성장환경은 한 사람의 정체성을 결정짓는 데 있어 가장 중요한 요소다. 어떤 부모님 밑에서 자랐는지, 어떤 말을 듣고 성장했는지는 한 사람의 세계관, 자존감, 행동 패턴에까지 깊게 영향을 미친다. 나 역시 내 과거를 돌이켜 보면 가장 많이 들었던 말은 단연코 "안 돼!"였다.

어릴 적 우리 집은 늘 조용했고, 동시에 무거웠다. 아버지는 항상 엄한 분이셨고, 사랑을 표현하는 데 익숙하지 않으셨다. 투박한 말투에 매일 술에 취해 들어와서는 본인의 이야기만 하셨고, 우리가 무엇을 원하는지에는 관심이 없었다. 아니, 알고자 하지도 않으셨다. 내가 뭘 해도 안된다는 말부터 나왔다. "아빠, 친구 집 가도 돼요?" 안 돼. "이 게임 해 보고 싶어요." 안 돼. "같이 여행 가면 안 돼요?" 안 돼. 마치 모든 것에 제동이 걸린 것처럼, 나의 행동은 일일이 허락을 받아야 했고 그 허락은 거의 내려지지 않았다. 유일하게 허용된 건 공부였다. 하지만 나는 공부를 못했다. 아니, 흥미가 없었다. 공부하라고 하면서 정작 아빠는 TV를 켜 놓고 드라마를 보셨다. 나는 옆방에서 그 소리라도 들으려고 귀를 기울였고, 그마저도 "안 돼!" 소리에 좌절해야 했다.

그렇게 매번 부정당하다 보니 어느 순간부터 나는 '내가 하고 싶은 건 대부분 안되는 거구나'라는 생각에 길들여졌다. 하고 싶은 것을 말하기보다 숨기게 되었고, 아예 시도조차 하지 않게 되었다. 특히 중·고등학교 시절, 나는 아버지에게 어떤 말도 하지 않았다. 말해 봤자 "안 돼."가 돌아올 테니까. 내가 무언가를 원한다는 말을 꺼내는 것조차 어색해졌고, 점점 나는 세상에 내 욕구를 말하지 못하는 사람이 되어 갔다.

이러한 경험은 성인이 된 이후에도 영향을 미쳤다. 거절에 대한 두려움이 너무 컸다. 누군가에게 무언가를 부탁해야 할 상황이 생기면, 그 순간부터 머릿속에 떠오르는 건 오직 "안 돼."였다. 그리고 거절당했을 때의 비참함, 외면당했을 때의 당황스러움이 너무 무서웠다. 예를 들어 좋아하는 사람이 생겨도, 데이트 신청을 할 용기가 나지 않았다. 혹시라도 거절당할까 봐, 그 사람이 나를 멀리할까 봐. 친구들과 모여 놀러 갈 계획이 생겼을 때도, 내가 뭔가 제안하면 거절당할까 두려워 아무 말도 못했다. 그렇게 나를 이해해 줄 수도 있었던 사람들과 스스로 거리를 뒀고, 손절한 인연도 많아졌다. 그런데 문제는, 나를 손절한 건 그들이 아니라 결국 나였다는 점이다.

이제 마흔을 바라보는 나이가 되면서 깨달았다. 더 이상 거절에 대한 두려움을 품은 채로 살아갈 수 없다는 것. 세상은 생각보다 그렇게 나를 거부하지 않으며, 거절 자체가 나를 부정하는 게 아니라는 사실을 받아들여야 했다. 그래서 마음을 고쳐먹었다. 실패하고 실수하고 거절당하는 것은 부끄러운 게 아니라, 오히려 성장하는 과정 중 하나라는 것을 자꾸 되뇌었다. 그렇지 않으면 나는 점점 행동 반경이 좁아지고 결국은 세상과 단절될 수밖에 없었다.

이렇게 자신을 아는 것이 모든 변화의 시작이다. 내가 어릴 적 어떤 말을 가장 많이 들었고, 그것이 나에게 어떤 영향을 끼쳤는지를 객관적으로 바라보는 작업이 필요하다. 그래야 왜 내가 지금 이렇게 행동하는지를 알 수 있고, 고치고 싶은 부분도 명확해진다. 그리고 이 고정관념, 이 굳어져 버린 사고 패턴을 바꾸려면 '정면돌파'밖에 없다. 도망치지 말고 마주 서는 것이다.

나는 이걸 실천하기 위해 작은 루틴을 만들었다. 너무 어렵지 않게, 그러나 내가 두려워하는 것을 조금씩 해 보는 방식이다. 지아 장의 책 《거절당하기 연습》처럼, 일부러 거절당할 상황을 만들어 보는 거다. 물론 너무 갑작스러운 방식은 안 된다. 나는 전화를 걸어 제안하는 게 부담스럽기 때문에, 대신 텍스트로 협찬을 요청한다. 원하는 제품이나 숙소가 있으면 정중하게 메일을 보내거나 네이버 톡톡으로 제안서를 남긴다. 열 번을 보내면 평균 두세 명은 답장이 온다.

여기서 중요한 건 실패한 일고여덟 번에 집착하지 않는 것이다. 사람은 부정적인 결과에 더 민감한 존재지만, 내가 집중해야 할 것은 가능성이다. "열 번 중 두 명이 답장한다면 100번 중에는 스무 명이겠네?" 이렇게 성공 확률에 집중하면 어느 순간 내 안에 있던 거절의 두려움이 조금씩 줄어들게 된다. 그리고 그 성공은 곧 자신감이 된다. "어? 내가 부탁해도 생각보다 받아들여지네?"

이 과정에서 또 하나 중요한 건 '자기 자신에 대한 격려'다. 아마 많은 사람들은 자신을 칭찬하는 법을 모른다. 나 역시 그랬다. 하지만 요즘은 하루가 끝나기 전에 작은 성공들을 기록하는 습관을 들이고 있다. 아주 사소한 것부터 시작한다. 예를 들어 "오늘 영상 네 개나 만들었고, 운동 가기 싫었지만 헬스장 다녀왔고, 아침에 피곤했지만 걷기 운동을 했다. 협찬 제안서를 보냈고 답장이 왔다." 이런 것들을 매일 노트에 써 내려간다.

이런 습관이 쌓이면 어떤 일이 생기냐면, 내가 자라면서 늘었던 부정적인 말들이 조금씩 정화되기 시작한다. '안 돼'라는 프로그래밍이 지워지고, 대신 '해냈다'는 감정이 자리 잡기 시작한다.

정리하자면, 우리가 자라면서 가장 많이 들었던 말은 생각보다 우리의 정체성과 행동양식에 깊게 영향을 미친다. 나처럼 늘 "안 돼."라는 말을 듣고 자란 사람은 세상 앞에서 쉽게 움츠러들고, 거절당할까 봐 아무것도 시도하지 않게 된다. 하지만 이런 패턴은 바꿀 수 있다. 내가 내 사고의 루틴을 인식하고, 그것을 바꾸기 위한 작은 실천을 계획하고, 그리고 그 과정에서 실패보다 가능성에 집중하는 것이다. 마지막으로, 그 하루하루를 살아낸 나 자신을 격려하는 것. 그것이야말로 트라우마를 이겨 내고 새로운 삶의 패턴을 만드는 길이다.

자라면서 나도 모르게 생긴 루틴이 있는지 파악해 보자. 반복된 상황은 부정적인 습관을 만든다. 이제 정화하여 새로운 삶을 살도록 하자.

작가는 유행어를 만들고 우리는 지배당한다

잘 팔리는 책을 쓰려면 어떻게 해야 할까? 많은 사람들이 글을 잘 써야 한다고 생각하지만, 실제로는 그보다 더 중요한 전략이 있다. 바로 새로운 개념을 담은 '유행어'를 만드는 것이다.

'미라클 모닝' '시크릿' '1만 시간의 법칙' '끌어당김의 법칙' '넛지' '그릿'…

이런 단어들은 단순한 개념이 아니라, 사람들의 머릿속에 뿌리내리는 관념이 되어 버린다. 그리고 이 관념은 어느 순간 우리의 행동을 지배한다. 처음엔 '아, 이런 개념이 있구나' 하며 가볍게 넘기지만, 시간이 지나면 '이걸 안 하면 성공 못 하겠는데?'라는 불안으로 바뀐다. 그렇게 사람들은 루틴이라는 이름의 강박에 빠지게 된다.

특히 이런 현상은 미국식 자기계발 서적에서 두드러신다. 일종의 공식처럼, 자극적인 개념 하나를 내세워 독자들의 뇌리에 각인시킨다. '미라클 모닝'을 예로 들어 보자. 새벽 5시에 일어나 독서하고 운동하고 명상하면 인생이 달라진다고 주장한다. 처음엔 좋다. 뭔가 해낸 것 같고 스스로 대견하다. 그런데 문제는, 이게 '하지 않으면 망한다'는 식으로 바뀌기 시작하면서부터다.

누군가의 삶에 맞지 않더라도, 사람들은 유행에 뒤처지고 싶지 않아서 억지로 따라간다. 특히 우리나라 사람들은 이런 흐름에 특히 민감하다. '이걸 해낸 나는 특별하다'는 우월감을 느끼기 위해서라도 그 루틴에 매달린다. 그런데 그게 진짜 나한테 맞는 루틴인지, 아니면 유행 때문에 억지로 들이민 시스템인지 생각해 본 적 있는가?

나는 20대 중반에 보험영업회사를 다녔던 적이 있다. 그때 딱 《아웃라이어》라는 책이 유행하던 시기였고, 그 책에 나온 '1만 시간의 법칙'이 회사의 슬로건이 됐다.

"영업의 왕이 되려면 1만 시간을 채워야 한다."

그렇게 회사는 새벽 6시까지 출근하라고 시켰고, 자는 시간 여덟 시간 빼면 하루 열여섯 시간 근무가 기본이 됐다. 말이 좋아 자기계발이지, 현실은 인권 무시였다. 지금 생각하면 웃긴 게, 그걸 주장하던 상사들도 대부분 나보다 어린 친구들이었다. 마치 신흥 종교에 빠진 집단처럼, 숫자 '1만'에 중독되어 버렸다. 하지만 정작 그 책은 '1만 시간을 아무렇게나 채우라'는 게 아니었다. 정확한 피드백을 받으며, 목표에 맞게 고도화된 훈련을 해야 1만 시간이 의미가 있다고 말한다. 하지만 회사는 그런 맥락은 무시하고 숫자만 외웠다.

결국? 한 달 안에 세 명이 퇴사했고, 나도 얼마 못 가서 나왔다. 지금 생각해 보면 참 잘한 결정이었다. '책 한 권 읽은 사람이 제일 무섭다'는 말, 그때 뼈저리게 느꼈다.

 이건 단순히 나의 개인적인 경험이 아니다. 사회 전반적으로도 유사한 현상이 일어난다. 미라클 모닝이 유행했을 때, 수많은 직장인들이 새벽 5시에 일어나 루틴을 실천하려고 했다. 출근 전에 책 읽고, 운동하고, 명상하고… 말은 그럴듯한데 실제로는 출근해서 정신 못 차리는 사람들 수두룩했다. 피곤하고 집중 안 되고, 하루 종일 멍하게 있다 퇴근하는 경우도 허다했다. 루틴을 해낸 사람도 있고, 못 해낸 사람도 있었지만, 문제는 그 루틴이 '모두에게 맞는 정답'처럼 포장되었다는 거다.

 사람들은 왜 이런 유행어에 쉽게 빠질까?

 그건 불안감 때문이다.

 '나만 뒤처지는 건 아닐까?' '저 사람은 저렇게 성공했다는데 나는 왜 이 모양이지?'

 이런 불안이 사람들을 자극하고, 그 틈을 작가들은 파고든다. 좋은 작가들도 많고, 인생에 도움이 되는 개념도 분명 있다. 하지만 문제는 그걸 '절대적 진리'처럼 받아들일 때 생긴다. 인간은 원래 답이 없고, 정답도 없다. 예수님도, 부처님도 인생의 모든 법칙을 완성하지 못했다. 그런데 고작 몇십 년 살아온 작가가 "인생은 이렇게 살아야 한다"고 써 놓은 걸, 마치 경전처럼 받아들이는 건 너무 위험한 태도다.

자기계발 책을 읽는 건 분명 의미 있다. 다독하고 정독하는 건 나쁘지 않다. 하지만 맹목적으로 받아들이면 안 된다. 그 철학이 나랑 맞을 수도 있고, 아닐 수도 있다. 아무리 좋아 보여도 실제로 해 보면 내 환경에선 도저히 지속 불가능한 경우도 있다. 예를 들어 '그릿' 같은 개념을 너무 신봉해서 참고 또 참다가 병이 생기는 경우도 많다. 인내가 미덕이 아니라 독이 될 수 있는 거다.

사실, 자기계발서가 1만 권 있다면, 인간이 변화할 수 있는 방법도 1만 가지다. 그중에서 나에게 맞고, 즐길 수 있는 방법을 찾으면 되는 것이다.

내가 말하는 '루틴화'와는 다르다. 루틴은 외부에서 정한 규칙이고, '내면의 리듬화'는 내 감정, 내 상황, 내 환경에 따라 흘러가는 방식이다.

'오늘은 5시에 못 일어났어. 그래도 괜찮아. 대신 오후에 산책이라도 해야지.'

이런 식으로 유연하게 받아들이는 것이 진짜 자기 삶을 사는 방식이다. 물 흐르듯이 사는 삶. 고집부리지 않고, 유행에 쫓기지도 않고, 새로운 개념을 배우되 그것조차도 유동적으로 바꿔 가는 삶. 이게 진짜 자신만의 리듬이다.

작가들이 만든 유행어는 강력하다. 그건 사실이다. 하지만 그 유행어가 당신의 삶 전체가 되어서는 안 된다. 유행어는 일시적인 것이다. 뜨겁게 올라왔다가, 식고 나면 사라진다. 그런데 사람들은 그 일시적인 것에 자신을 걸어 버린다. '이 루틴 못 지키면 난 실패자야' 같은 생각은 아예 시작조차 하지 못하게 만들기도 한다.

끝으로, 나는 이렇게 말하고 싶다.

루틴 없이도 성공할 수 있다.

내 감정, 내 환경, 내 리듬을 따르면서도 충분히 의미 있는 삶을 만들 수 있다.

남이 만든 유행어가 아니라, 내 안에서 자연스럽게 흘러나온 삶의 방식이야말로 진짜다.

그걸 믿고 따라가다 보면, 어느새 남들과는 다른 길 위에 서 있는 나 자신을 발견하게 될 것이다.

'~하면'이라는 조건문은 행복을 무너뜨린다

우리는 종종 행복이 '미래'에 있다고 믿는다. 내일이나, 다음 주나, 아니면 언젠가. 인간은 희망이라는 것을 믿고 살아가는 존재인 듯하다. "지금은 좀 힘들어도 언젠간 좋아지겠지."라는 말처럼 말이다. 희망은 좋다. 그렇지만 이 희망이 자꾸만 조건을 달고 다니기 시작하면 문제가 생긴다. 우리는 뭔가를 갖게 된다면, 뭔가를 해낸다면, 어떤 조건이 충족된다면 행복할 거라고 믿는다. 'If' 조건 함수처럼, 행복에 전제가 따라붙는다. 예를 들어 보자. 고등학생일 땐 졸업하면 인생이 풀릴 거라 믿는다. 졸업을 하면? 군대가 기다리고 있고, 군대를 마치면? 대학만 잘 다니면 된다고 한다. 대학을 나오면? 좋은 직장만 구하면 이제 살만 하다고 한다. 그런데 또 그 다음엔? 좋은 사람 만나 결혼하면 행복하다고 하고, 결혼을 하면 육아라는 미션이 시작된다.

이렇게 조건이 이어지다 보면, 행복은 결코 '지금 여기'에 머물지 않는다. 늘 조금 더 나아가야만 도달할 수 있는 신기루처럼 멀어지기만 한다. 왜 우리는 지금 이 순간 행복할 수 없을까? 왜 "그냥 오늘 기분 좋아, 나 행복해."라고 말하면 어딘가 부끄럽고 허세 같고, 현실을 외면하는 말처럼 느껴질까?

문제는 우리가 너무 많은 '조건부 행복'에 익숙해졌기 때문이다. 우리는 자신도 모르게 "지금은 괴롭지만 나중엔 괜찮아질 거야."라는 공식에 기대 산다. 그 공식은 꽤나 오래된 구조다. 아마도 농경사회와 산업사회를 거치며 '열심히 일한 자, 열매를 얻는다'는 프레임이 삶 전반을 지배했기 때문일 것이다. 하지만 지금은 어떠한가? 세상은 많이 변했고, 사람도 변했다. 이제는 무조건 열심히만 한다고 해서 결과가 보장되지 않는다는 걸 누구나 알고 있다. 노력은 더 이상 절대적인 무기가 아니다.

그렇다면 우리는 무엇을 해야 할까? 답은 간단하다. 바로 '지금' 행복해야 한다. '~하면 행복할 텐데'라는 생각은, 사실 내가 가지고 있지 않은 무언가를 손에 넣으면 기분이 나아질 거라는 착각에 불과하다. 하지만 생각해 보자. 무언가를 얻게 되면 잠깐의 쾌감은 있을지 몰라도, 또 다른 조건이 찾아온다. 그러니 바꾸어야 할 시선은 외부가 아니라 내부다.

내가 가진 것을 보자. 예를 들어 나는 지금 이 글을 쓰는 이 방 안에 75인치 TV가 있다. 노트북도 하나 있다. 7만 명의 팔로워를 가진 인플루언서다. 냉장고엔 바나나우유도 있다. 지금 당장 내가 가진 것들을 떠올려 보면, 이미 감사할 것들은 넘쳐 난다. 하지만 반대로, 내가 가지지 못한 것들에만 집중한다면? 무기력에 빠지고 만다. 무기력은 행동을 막고, 행동하지 못한 자신을 원망하게 만든다. 죄책감은 다시 나를 억누른다. 이런 반복 속에서 사람은 아무것도 하지 못하게 된다.

그래서 '조건'을 만들지 말아야 한다. '예쁜 여자친구가 생기면 내 삶이 달라질 텐데' '그때 공부만 했더라면 인생이 바뀌었을 텐데' 같은 공상은, 지금의 삶을 갉아먹을 뿐이다. 현실은 생각보다 훨씬 다양하고 예측 불가하다. 조건이 다 갖춰져도 실패하는 사람이 있고, 조건이 하나도 없어도 잘되는 사람도 있다. 인생은 그렇게 정직하지 않다. 그래서 우리는 조건 없는 행복을 배워야 한다.

일을 재미있게 하는 방법은, 그 일이 재밌어서가 아니라 내가 재미를 찾기로 마음먹는 것이다. 그게 안 된다면 과감히 다른 일을 찾아야 한다. 중요한 건, 지금 하는 일이 맞지 않다고 불평만 하는 건 자기 인생 전체를 불평으로 물들이는 일이라는 것이다. 불평은 통제할 수 없는 것에 집착하는 마음에서 나온다. 대신, 내가 통제할 수 있는 것에 집중해야 한다. 그래야 진짜 내 삶을 주도할 수 있다.

나는 예전엔 이런 글을 쓰면서도 '이 책만 잘 팔리면 나도 작가가 될 텐데' '내가 글을 좀 더 잘 썼다면 이미 유명해졌겠지' 같은 생각을 자주 했다. 그럴 땐 한 문장도 써지지 않았다. 왜냐면 나는 글을 쓰는 게 아니라, 이미 일어나지도 않은 결과를 상상하고 그것에 집착했기 때문이다. 지금은 다르다. 그냥 한 줄이라도 쓴다. 오늘은 한 문단을 썼으니 충분하다. 그렇게 지금 할 수 있는 것에만 집중하다 보면 책 한 권은 어느새 완성된다.

'오늘 행복한 사람'은 내일도 행복할 가능성이 높다. '오늘은 힘들지만 내일은 괜찮을 거야'라고 믿는 사람보다 훨씬 현실적이고 행복에 가까운 삶이다. 행복은 절대 미래에 있지 않다. 그리고 과거의 후회에 있는 것도 아니다. 현재의 나에게만 머문다. 우리가 흔히 말하는 '달리기만 한다'는 삶은, 결국 옆을 돌아볼 수 없게 만들고, 그렇게 사람은 외로워진다. 빠르게 달리는 대신, 지금 걸어가더라도 눈을 맞추고, 풍경을 바라보며 가야 진짜 행복을 느낄 수 있다.

'~하면 행복할 것 같아'라는 말은 이제 그만하자. 억지로 루틴을 만들어 자신을 괴롭히기보다는, 외부 자극이 아닌 내부 기쁨을 기준으로 오늘 하루를 살아가자. 루틴이 없다고 해서 실패한 삶이 아니다. 루틴이 없어도 성공할 수 있다. 중요한 건 지금 내가 얼마나 행복한가, 얼마나 나답게 살고 있는가다. 되면 좋고 안되면 말고, 그렇게 유연하게 살아가는 태도가 결국 우리에게 진짜 행복을 가져다준다.

제한된 신념을 파악하라

한때는 유튜브에서 '구매대행 사업'이 유행이라는 소리를 들었다. 그 말만 듣고 나도 시작하기로 마음먹었다. 바로 인터넷 검색창에 '구매대행하는 법'이라고 검색했다. 수많은 정보가 쏟아졌다. 처음엔 정말 열심히 따라 배웠다. 사업자 등록하는 법, 통관 절차, 배대지 설정 방법 등등. 배우면서 '나도 할 수 있겠구나' 하는 희망이 생겼다.

그런데 무심코 댓글창을 눌러 버렸다. 댓글에는 이런 글이 있었다. "이거 하지 마세요. 시간 대비 돈 안 됩니다." 그 한 문장을 본 순간부터, 내 검색 방향이 바뀌었다. 나는 그다음부터 '구매대행하면 안 되는 이유'만 검색했다. '구매대행 실패 사례' '구매대행 적자' 이런 키워드만 찾았다. 그러니 당연히 온갖 부정적인 정보가 수십 개, 수백 개가 쏟아졌다.

하루 이틀 지나면서, 나는 자연스럽게 구매대행을 포기했다. 그리고 친구들을 만나 이렇게 말했다. "구매대행? 그거 해 봤자 돈도 안 돼. 시간만 버려." 마치 내가 직접 경험한 것처럼 당당하게 이야기했다. 사실은 시도조차 제대로 안 해 봤는데도 말이다.

 이 경험을 통해 나는 아주 중요한 걸 깨달았다. 나는 '부정적인 정보'에 중독돼 있었다는 걸. 같은 구매대행이라는 주제를 검색해도, 누구는 1%의 가능성에 집중한다. '이미 구매대행으로 돈 번 사람이 있으니, 나도 할 수 있다.' 이렇게 생각하는 사람은 될 수 있는 방법만 본다. 문제가 생기면 해결하려고 한다. 결국에는 구매대행으로 성공한다.

 반면, 나같은 사람은 안 될 이유만 본다. '이래서 안 되고, 저래서 안 되고' 자기 방어적인 태도를 갖는다. 그 끝에는 항상 남 탓, 사회 탓을 하게 된다. '요즘 같은 세상에 이게 되겠어' '경제가 안 좋은데 장사할 때냐' 익숙한 변명들이 머릿속을 가득 채운다.

 나만 그런 게 아니다. 지인이나 친척들에게 새로운 기회를 알려 주면, 그들도 똑같다. "그거 힘들어." "그거 하다가 망한 사람 많아." 안 될 이유들을 줄줄이 나열한다. 이처럼 인간은 부정적인 정보에 본능적으로 더 민감하다. 그리고 부정은 중독된다. 중독된 부정은 '신념'처럼 뇌에 박혀 버린다. 그러면 아무리 좋은 기회가 와도 움츠러들고, 피하게 된다.

 이 패턴을 끊어 내려면 어떻게 해야 할까?
 제일 먼저 '자각'이다. 내가 어떤 생각을 하고 있는지 관찰하는 것.

예를 들어, '일본 여행 가고 싶다'라고 생각했다고 치자. 그 후에 내 머릿속을 들여다본다. 만약 '지금은 돈도 없고, 엔화도 비싸고, 일본은 지진도 많잖아' 이런 생각이 떠오른다면, 이미 나는 부정의 늪에 빠진 것이다.

이런걸 자각해야 한다. '아, 나는 지금 부정적인 필터로 세상을 보고 있구나' 이걸 인정하는 게 1단계다. 그 다음에는 방향을 바꿔야 한다. '하지 말아야 할 이유'를 찾는 게 아니라, '해야 할 이유'를 찾아야 한다.

'일본 여행을 가면 어떤 설렘을 느낄까?' 새로운 음식을 먹고, 다른 문화를 직접 경험하면 어떤 성장이 있을까? 이런 식으로 가능성과 기대에 초점을 맞추는 것이다.

단, 주의할 점이 있다. 부정적인 정보는 1%만 들어와도 쉽게 물든다. 그래서 하기로 마음먹은 일에 대해서는, 부정적인 글, 부정적인 사람, 부정적인 소문을 웬만하면 차단해야 한다. 반대로, '성공한 사람' '실천한 사람'들의 정보만 의도적으로 찾아야 한다. 내가 어떤 정보를 접하느냐가 내 믿음을 만든다.

내 주변에 한 명, 이런 사람이 있다. 그는 평생을 여행하며 살아간다. 한국에서 몇 개월 일하고, 몇 개월은 해외를 다니며 자유롭게 지낸다. 그는 여행을 앞두고 이런 고민을 절대 하지 않는다. '지금 돈이 있나?' '남들이 어떻게 볼까?' '손해 보는 거 아닐까?' 그런 생각은 아예 하지 않는다.

그는 오히려, 그 여행지에서 무엇을 보고, 무엇을 먹고, 어떤 행복을 느낄지를 상상한다. 그의 마음은 미래의 기쁨에만 집중돼 있다. 반대로, 돈이 없어서 못 간다는 사람들은 다르다. 수지타산부터 따진다. '통장 잔고 얼마지?' '여행 갔다 오면 생활비 모자라잖아.' 돈이 인생의 기준이 되어 버린 것이다.

하지만 돈은 인생의 목적이 아니다. 돈은 단지 수단일 뿐이다. 하고 싶은 일은 수지타산으로 따질 문제가 아니다. 하고 싶은 일은 내면을 풍성하게 하는 경험이다. 그 안에 어떤 감정이 있을지, 어떤 추억이 쌓일지를 고민해야 한다.

지금 사회는 점점 공리주의적으로 변하고 있다. 효율성, 실리, 이익. 이런 단어들이 모든 가치의 기준이 되어 간다. 그러다 보니 정작 '행복'은 점점 멀어지고 있다.

당신을 옭아매는 부정적 경험이 무엇인지 자각하라. 그리고 스스로에게 물어보라. '내가 정말 하고 싶은 일은 뭐였지'

부정적인 루틴은 정말 무섭다. 처음에는 작은 의심 하나였다. 하지만 반복되고 쌓이면, 내 삶 전체를 지배한다. '안 될 이유'를 찾는 것이 습관이 되어 버린다.

그 루틴을 끊으려면,

자각하고,

가능성에 집착하고,

긍정적인 정보만 찾아보고,

작은 행동이라도 바로 시작해야 한다.

생각만 하고 끝내지 말고, 한 발짝이라도 내딛어야 한다. 그렇게 한 발짝, 한 발짝 나아가다 보면, 어느새 '내 인생'이 완전히 달라져 있을 것이다.

2장

루틴이 아닌, 선택이 변화를 만든다

대충 엉망으로 시작해도 된다, 시작이 가장 어렵다

10년 만에 친구를 만났다. 유튜브로 나를 보게 되어 연락했다고 한다. 오랜만에 만난 자리에서 우리는 그동안 어떻게 지냈는지, 현재는 무슨 일을 하고 있는지 많은 얘기를 나눴다. 그런데 그 친구를 보면서 묘한 이질감을 느꼈다. 10년 전에도, 지금도 친구는 여전히 실체가 없었다. "요즘 뭐해?"라고 물으면 돌아오는 답은 항상 같았다. "준비 중이야." 10년 전에도 사업을 준비한다더니, 지금도 또 뭔가를 기획하고 준비만 하고 있었다. 심지어 그 기획이라는 것도 그냥 구상 수준, 머릿속에서만 맴돌고 있었다. 이건 도무지 이해가 가지 않았다.

그래서 나는 물어봤다. 그렇게 오랜 시간 동안 준비만 하면서, 뭔가 해낸 게 있냐고. 돌아온 답은 온갖 사건사고들의 나열뿐이었다. 집안에 일이 있어서, 돈이 없어서, 하려다 보니 걸림돌이 많아서… 나는 다시 물었다. "그걸 뛰어넘으면 되잖아?" 친구는 대답했다. "그걸 해

내도 또 새로운 문제가 생기니까, 나는 문제를 해결할 능력이 생기면 시작할 거야." 이런 허무맹랑한 소리가 어디 있는가?

사실 이런 얘기는 친구에게만 듣는 게 아니다. 요즘 주변을 보면 이런 사람들이 수두룩하다. 말만 번지르르하게 하고, 실제로는 아무것도 하지 않는 허세꾼들. 솔직히 나도 예전에 그 부류 중 하나였다. 우리나라에서는 무언가 '하고 있다'는 타이틀이 너무 중요하다 보니, 그냥 "나 지금 아무것도 안 해."라고 말하기가 힘들다. 그래서 사람들이 흔히 하는 말이 "준비 중이야."다. 하지만 막상 뭘 준비하냐고 물어보면 제대로 답변하는 사람은 거의 없다. 그냥 인터넷에 몇 번 검색해 본 정도다. 당연히 대화의 깊이가 깊어질 리가 없다.

또 하나, 이들은 하고 싶은 게 너무 많다. 외식 사업을 해 볼까, 생활용품을 수입해 볼까, 마케팅 서비스를 해 볼까, 앱을 개발해 볼까, 유튜브를 해 볼까. 유튜브에서 다른 사람들이 한 걸 간접경험 삼아 나열해 놓고, 마치 자기가 하면 다 될 것처럼 떠든다. 그러나 이건 수박 겉핥기보다 더 얕은 지식일 뿐이다. 실제로 아무것도 모르는 것이다.

이들은 왜 이렇게 준비만 하고 시작을 못 할까? 그 밑바탕에는 '모든 걸 해낼 수 있는 능력이 갖춰질 때 시작하겠다'는 생각이 깔려 있다. 자신감이 충분히 생기면, 완벽한 계획이 세워지면, 그때 비로소 시작하겠다는 것이다. 하지만 그런 기준은 절대 오지 않는다. 완벽이라는 건 존재하지 않기 때문이다. 이렇게 미루는 사람들은 스스로를

'게으른 완벽주의자'라고 포장한다. 그런데 내가 아는 진짜 완벽주의자는 게으르지 않다. 오히려 더 치열하게 디테일을 파고들며, 완벽을 향해 나아간다.

자신을 완벽주의자라 착각하는 사람들은 그냥 게으른 거다. 생각이 행동을 옭아매고 있다는 사실조차 인식하지 못하는 것이다. 이건 심리학적으로 '학습된 무기력'이라고 부른다. 서커스의 코끼리가 어릴 때부터 밧줄에 묶여 있다가 자라서도 탈출하지 못하는 이유와 같다. 힘이 생겨도 밧줄을 끊지 않는다. 어릴 때 실패한 기억이 뇌리에 박혀 있기 때문이다. 친구를 보며 느낀 건, 지금 이 순간에도 그 친구는 코끼리처럼 이미 끊을 수 있는 밧줄 앞에서 꼼짝 못 하고 있다는 거다.

그렇다면 이 학습된 무기력에서 벗어나는 방법은 무엇일까? 바로 대충 엉망으로라도 시작하는 것이다. 거대한 목표를 세우고, 모든 걸 완벽히 갖춘 뒤에 시작하는 게 아니라, 그냥 오늘 당장 시작하는 것이다. 운동을 하고 싶으면 일단 운동복만 입어라. 운동하기 싫으면 그냥 벗고 쉬어라. 글을 쓰고 싶으면 노트북만 켜라. 키보드를 몇 번 두드리고 싶으면 닫아 버려라. 중요한 건 힘을 빼고 아주 가볍게 몸을 움직이는 것이다.

여기서 중요한 건 생각의 크기를 줄이는 것이다. 밧줄을 두꺼운 쇠사슬이라고 생각하지 말고, 가느다란 실이라고 여기라. 툭 치면 끊어진다. "툭 끊어질 거야, 그냥 해 보자."라고 스스로를 다독이는 것이 필요하다. 사람들이 흔히 하는 말처럼 "칼을 뽑았으면 무라도 뽑아야 한다"는 강박을 가질 필요가 없다. 꼭 끝을 봐야만 의미가 있는 게 아니다. 시작 자체가 의미가 있다. 아무것도 안 하는 것보다 대충이라도 해 보는 게 무조건 낫다.

또 하나 강조하고 싶은 건, 대충 시작했는데도 마음속에서 거부감이 올라오면, 잠깐 쉬어도 된다는 거다. 억지로 밀어붙이지 말고, 쉬었다가 다시 대충 시작하면 된다. 이렇게 반복하다 보면 어느새 몸이 움직이기 시작한다. 친한 동생들이 나에게 "형, 뭔가 시작하기 너무 어려워요."라고 상담하면 나는 항상 이렇게 말한다. "야, 대충 하다 말어." 이 말을 들은 친구들은 신기하게도 뭔가를 시작한다. 막상 시작하면 아깝기도 해서 쉽게 그만두지 못한다. 이게 바로 관성의 법칙이다.

우리 인생은 뭔가 결과를 얻기 위해 움직이는 게 아니라, 움직이다 보면 결과를 얻는 구조다. 처음부터 뭔가 대단한 걸 만들어 내려고 애쓰지 말자. 대충이라도 해 보자. 그러다 보면 점점 경로를 수정하게 되고, 점점 삶이 바뀌게 된다.

완벽주의는 거대한 환상일 뿐이다. 완벽을 추구하다가는 영원히 시작조차 못 한다. 차라리 대충 엉망으로 시작해서, 하다 보면 방향을 잡고, 중간에 수정하고, 그러다 보면 어느새 목표에 다가가 있다. 죽이 되든 밥이 되든, 대충이라도 시작하는 것, 이것만이 학습된 무기력에서 벗어나고 진짜 삶을 사는 방법이다.

그러니, 오늘, 지금 당장, 대충 엉망으로라도 시작해라. 그리고 스스로에게 이렇게 말해라. "나는 밧줄을 이미 끊을 수 있는 코끼리다. 그냥 끊어 버리자. 그냥 해 버리자."

 이렇게 대충 시작하는 것만이 우리를 앞으로 이끈다.

예술가처럼 살아가라

나는 예술하는 사람을 진심으로 존경한다. 예술가는 자신의 작품에 대한 자부심이 엄청나다. 그 작품이 글이면 작가, 그림이면 화가, 노래면 음악가로 불린다. 그러나 오랫동안 예술가는 배고픈 직업이라는 인식이 퍼져 왔다. 돈이 되지 않는 일이라며, 절대 그 길을 선택하지 말라고들 했다. 더 안정적이고 돈이 많이 벌리는 직업을 택하라고 강요받았다.

우리 외가 쪽은 예술적 재능이 뛰어난 집안이었다. 외삼촌부터 어머니까지, 그림을 따로 배우지 않고도 드로잉과 데생을 완벽하게 해냈다. 노래 실력도 출중했고, 끼와 감성이 충만했다.

하지만 이 뛰어난 재능을 가진 집안에 정작 예술가는 단 한 명도 없었다. 이유는 단순했다. '예술로는 배부를 수 없다'는 믿음 때문이었다. 당시 시대 상황을 생각하면, 먹고사는 게 급했기에 어쩔 수 없는 선택이었을지도 모른다. 그러나 시간이 흐른 지금, 분명히 말할 수 있다. 그렇게 재능을 숨기고 돈만 좇았지만 결국 부자도 없었다는 사실을.

나는 이 상황이 어디서부터 잘못되었는지 고민했다. 답은 '사고방식'에 있었다. 예술을 선택하면 굶어 죽을 것이라는 두려움, 사회의 일원이 되어야 한다는 강박. 하지만 조금만 시야를 넓히면 알 수 있다. 당시에도, 지금도 돈 잘 버는 예술가는 존재한다. 작품 하나로 몇 년을 부유하게 살아가는 예술가들도 있다. 이들은 단순히 예술만 한 것이 아니라, 자신의 재능과 작품을 '가치'로 바꾸는 방법을 알고 있었다.

특히 우리 집에서 가장 자주 들었던 말이 있었다. "그 정도는 누구나 다 하는 거야." 이 말은 어쩌면 재능을 무기력하게 만드는 가장 치명적인 독이었다. 같은 재능을 가진 사람이 많다고 해서 그 가치가 줄어드는 것은 아니다. 오히려 같은 재능이라도 누구는 갈고닦아 독보적으로 만들고, 누구는 평범하게 묻힌다. 우리 집은 재능이 너무 당연한 것으로 여겨졌기에, 이를 상품화하거나 세상에 내놓을 생각을 하지 못했던 것이다.

지금 와서 생각해 보면, 나 역시 그 연장선에 있었다. 그러나 현실 감각이 생기면서 깨달았다. 예술가는 배고픈 존재가 아니다. 자신의 작품에 자부심을 갖고, 그것을 세상에 팔 수 있는 방법을 연구하는 사람이야말로 진정한 예술가다. 2025년 현재도 1년에 단 두 작품만 발표해도 부자로 사는 예술가들은 많다. 물론 그들이 거기까지 가는 데에는 엄청난 노력과 전략이 있었겠지만, 본질은 같다. 자신을 믿고, 자신의 가치를 세상에 설득시킨 것이다.

여기서 우리 모두가 배워야 할 힌트가 있다. 바로 자신의 강점, 재능, 결과물을 세상에 팔 수 있는 방법을 연구하라는 것이다. 이는 단순히 예술가만의 이야기가 아니다. 일반인에게도 너무나 중요한 태도다. 시대는 바뀌었고, 이제는 누구나 스스로를 브랜딩할 수 있는 시대다. 당신이 디자이너든, 요리사든, 회사원이든, 자신만의 결과물과 자부심을 세상에 드러내고, 그것을 가치를 가진 무언가로 바꿀 수 있어야 한다.

또한 프로 예술가들은 생활습관도 일반인과 다르다. 누군가는 밤에 일하고, 누군가는 새벽에 깨어 있다. 어떤 이는 아침형 인간이다. 이들은 남의 기준에 자신을 끼워 맞추지 않는다. 자신과 끊임없이 대화하며, 자신이 가장 행복하고 몰입할 수 있는 시간을 알고, 그 시간에 몰두한다. 그래서 종종 '예민하다'는 평가를 받지만, 사실 이는 자신을 정확히 이해하고 있다는 반증이다. 자신을 이해하는 능력은, 어떤 직업이든 성공에 필수적이다.

그림을 좋아한다고 그림만 그리고, 음악을 좋아한다고 노래만 부르는 것은 진짜 예술가가 아니다. 내가 말하는 예술가는, 그 행위로 돈을 버는 사람이다. 나 역시 아직 책이나 강연으로 수익을 얻지 못했기에 스스로를 '작가'라고 부르지 않는다. 하지만 크리에이터, 인플루언서로서는 수익을 얻고 있기에 당당히 자부심을 느낀다. 그리고 이 과정에서 나는 '예술가 마인드'를 장착했다. 내 콘텐츠에 자부심을 느끼고, 이걸 어떻게 수익화 할지를 끊임없이 고민한 결과, 지금의 '리뷰 크리에이터'로 자리잡았다.

이 공식을 이제 책에도 적용하려 한다. 단순히 책을 쓰는 것이 아니라, 이 책을 어떻게 세상에 알리고, 팔고, 영향력을 확장할지를 고민한다. 유명 출판사에 출판을 제안하고, 그들의 마케팅 인프라를 활용해 홍보하며, 내 팔로워에게 책을 선물하는 이벤트도 기획할 것이다. 회사와 협력하여 다양한 프로모션도 고민 중이다. 이 모든 활동들이 바로 프로 예술가가 하는 일과 같다.

물론 이 모든 과정을 매니지먼트 회사가 대신해 준다면, 예술가는 작품에만 몰두할 수 있다. 그것이 진정한 역할 분담이고, 시스템 안에서 빛나는 프로페셔널 예술가다. 하지만 시스템이 없다면 스스로 시스템을 만들고, 스스로 세상을 설득해야 한다.

다시 한번 강조하지만, 이 모든 이야기는 예술에만 국한되지 않는다. 어떤 일을 하든, 예술가처럼 살아가는 것이 중요하다. 사람은 창작할 때 가장 큰 행복을 느낀다. 그리고 그 창작물이 누군가에게 소비되고, 가치가 인정받을 때 그 행복은 배가 된다. 그러니 우리는 모두 자신의 일터에서 예술가가 되어야 한다. 무엇을 만들든, 그 결과물에 자부심을 갖고, 그것을 세상에 전달하는 방법을 고민해야 한다.

그렇다면, 우리는 굶주린 예술가가 아니라, 배부른 예술가가 될 것이다. 돈과 명예, 그리고 작품. 이 세 가지를 모두 얻는 삶을 살 수 있게 될 것이다.

돈이 많다면 무엇을 할 것인가?

　아산에 사는 내 친구는 매주 로또를 산다. 얼마나 된 지는 모르겠지만, 그는 월요일마다 로또를 구매하고 그 일주일을 희망차게 보낸다고 했다. 나 역시 가끔 로또를 산다. 로또 발표 전날이면 어김없이 행복한 상상에 잠긴다. 로또 번호를 맞추는 꿈에서부터, 당첨된 돈으로 무엇을 할지에 대한 상상까지. 그런데 막상 떠올리는 것은 집을 바꾸고, 차를 바꾸고, 여행을 가는 등 단순하고 식상한 것들뿐이었다. 정작 내가 진심으로 원하는 것이 무엇인지는 뚜렷하게 떠오르지 않았다.

　그래서 문득 매주 로또를 사는 친구에게 물어보았다. "로또 1등이 되면 뭐할 거야?" 친구는 잠시 고민하더니 대답했다. "음.. 그냥 대출금 갚고, 이사 가고, 여행 가고.. 주식도 좀 사고?" 나와 별반 다르지 않은 답변이었다. 그에게도 구체적이거나 분명한 목표는 없었다. 그냥 막연히, 돈이 많았으면 좋겠다는 마음에 로또를 사는 것이었다.

나는 생각했다. 아마 대부분의 사람들도 비슷할 것이다. 돈이 많았으면 좋겠다는 막연한 희망, 그 자체로 기분 좋은 상상. 그러나 여기에 커다란 함정이 있다. 우리는 종종 돈을 수단이 아니라 목적으로 착각한다. 원래 돈은 내가 원하는 것을 얻기 위한 수단이다. 하지만 돈 그 자체에 집착하다 보면, 돈을 벌기 위해 또다시 돈을 좇는 삶이 된다.

여기서 많은 사람들이 착각하는 부분이 하나 더 있다. '돈이 많아지면 하고 싶은 일도 자연스럽게 따라올 것'이라는 생각이다. 하지만 이는 매우 위험한 착각이다. 돈을 목적으로 삼고 사는 삶에서는 돈을 얻게 된 후에 오히려 방향을 잃게 된다. 무엇을 해야 할지 모르게 되고, 결국 더 큰 돈을 얻기 위해 다시 위험을 감수하며 돈을 좇게 된다. 로또로 인한 일확천금이 곧 로또로 인한 파멸로 이어지는 이유가 여기에 있다.

그래서 나는 돈이 많아지면 무엇을 하고 싶은지를 구체적으로 적어보기 시작했다. 예를 들면, 신도시에 있는 2층짜리 모던한 단독주택. 거실에는 천장이 높고, 큰 창이 있어 햇살이 가득 들어오고, 2층에서는 거실을 내려다볼 수 있다. 주방에는 아일랜드 식탁이 있어 요리하면서도 거실을 바라볼 수 있다. 이렇게 세세한 청사진을 그리다 보면, 단순히 '좋은 집'이라는 막연한 꿈이 아니라, 내가 진정 원하는 생활상을 구체적으로 알 수 있게 된다.

또한 사업 계획도 세워 본다. 예를 들어 KC 인증을 받은 고속 충전

보조배터리를 수입해 와 나만의 브랜드를 런칭하는 것, 책을 집필하고 베스트셀러가 되기 위해 마케팅과 홍보에 투자하는 것, 인플루언서로서 세상 좋아 보이는 제품을 리뷰하는 삶을 이어 가는 것 등이다. 이렇게 구체적으로 상상하고 적다 보면, 단순한 돈의 욕망을 넘어 진짜 내가 원하는 것이 무엇인지 점점 더 뚜렷해진다.

얼마 전, 한 동생이 나에게 상담을 요청했다. "앞으로 뭘 하며 먹고 살아야 할지 모르겠어요." 나는 그에게 물었다. "만약 네가 돈이 정말 많아서 마르지 않는다면, 무엇을 하고 싶어?" 그러나 그는 대답을 망설였다. 이유는 간단했다. 로또를 매주 사는 친구와 마찬가지로, 자신이 무엇을 원하는지 구체적으로 생각해 본 적이 없기 때문이었다.

원하는 것을 떠올리는 것도 훈련이다. 처음부터 또렷할 수는 없다. 하지만 자주 생각하고, 관심을 기울이고, 글로 적어 보는 과정을 통해 점점 선명해진다. 나 역시 처음에는 단지 '2층짜리 단독주택'이라는 한 단어만을 머릿속에 떠올렸다. 그러나 계속해서 구체적으로 상상하고 글로 표현하는 과정을 반복하다 보니, 이제는 마치 눈앞에 그려지는 듯 선명해졌다.

물론 단독주택에 대한 부정적인 인식도 있다. 관리가 어렵다거나, 불편하다는 점. 하지만 정작 아파트가 편리한가 되돌아보면, 내 경험은 그렇지 않았다. 아파트에 살 적엔 17층에서 내려와 주차장까지 가는 데만 15분이 걸릴 때도 있었다. 쓰레기를 버리러 가는 것도 큰일이었다. 이런 비효율적인 생활을 다시는 하고 싶지 않다. 그래서 현재는 빌라에 살고 있고, 앞으로는 꼭 단독주택에 살겠다고 마음먹었다.

돈이 많을 때 무엇을 할지 구체적으로 상상하는 훈련은, 결국 나 자신이 진짜 원하는 것을 찾아가는 과정이다. 마치 빨간색 자동차를 갖고 싶다고 생각하면, 길거리에서 유독 빨간색 자동차만 눈에 띄는 것처럼. 인간은 자신이 의식적으로 생각하고 주의를 기울이는 것에 더 민감해진다. 원하는 것을 또렷이 떠올리는 것만으로도, 그것이 현실에서 더 가까워진다.

그러니 지금 돈이 없어서, 혹은 돈 때문에 무언가를 못한다고 생각된다면, 오히려 돈이 정말 넘쳐 날 때를 가정하고 그때 무엇을 할지를 떠올려 보라. 그리고 자문해 봐야 한다. "돈이 많아도 나는 이 일을 할 것인가?" 만약 답이 "아니오."라면, 직업을 바꿔야 할 시기일지도 모른다. 일하지 않고 놀기만 하겠다는 생각도 있을 수 있지만, 인간은 본질적으로 몰입을 즐기는 존재다. 아무 일도 하지 않고 보내는 삶은 결국 깊은 무료함을 가져온다.

앞서 이야기했듯, 우리는 힘을 빼고 무언가를 해낼 때 비로소 진정한 힘을 발휘할 수 있다. 돈이 있더라도, 취미처럼 몰입할 수 있는 일을 해야 한다. 아등바등 사는 것이 아니라, 즐기면서 더 큰 퍼포먼스와 결과물을 만들어 내는 것이다.

결론적으로, 돈은 목적이 되어서는 안 된다. 돈은 내가 진정 원하는 것을 알게 해 주는 중요한 수단이다. 원하는 것을 떠올리고 구체화하는 훈련은 돈이 없을 때도 당장 할 수 있다. 돈이 많으면 할 수 있는 것들을 리스트로 작성해 보자. 그러면 돈을 넘어서, 진짜 내 삶의 방향을 찾아가는 데 한 발짝 다가설 수 있을 것이다.

자신을 홍보하는 것을 부끄러워하지 말 것.

눈 딱 감고 100까지 세기,
숫자로 마음의 어그로를 끌어라

'루틴 없이도 성공할 수 있다'는 말은, 하기 싫은 건 절대 하지 말자는 말과는 다르다. 오히려 루틴이 없다는 건 자신에게 솔직한 방향으로 유연하게 움직이는 힘을 의미한다. 꼭 어떤 일을 매일, 일정한 시각에, 일정한 방식으로 해야만 성공한다는 고정관념에서 벗어나자는 것이다.

그렇다고 해서 아무것도 안 하고 시간을 흘려보내자는 이야기도 아니다. 하기 싫은 날에는 그걸 인정하면서도, 아주 조금이라도 해 보거나, 아예 쉬어 가며 '다시 힘을 낼 준비'를 하는 것. 그게 '루틴 없음'의 핵심이다. 결국 사람은 기계가 아니고, 감정과 에너지가 출렁이는 생명체이기 때문이다.

그런데 여기서 하나의 질문이 생긴다.

"진짜 너무 하기 싫은 일인데, 어쩔 수 없이 꼭 해야만 하는 일이 생긴다면 어떻게 하죠?"

그럴 때 나는 이렇게 말한다.

"눈 딱 감고, 숫자 100까지 세어 보세요."

이는 단순한 숫자놀이가 아니다. 우리의 행동에 관성을 만들어 주는 아주 실용적인 트릭이다. 나는 실제로 해야 할 일이 정말 하기 싫을 때, '숫자 세기'에 들어간다. 예를 들어 설거지를 해야 하는데 몸이 천근 만근이고, 하기 싫다는 감정이 머리부터 발끝까지 퍼질 때가 있다. 그럴 땐 무작정 숫자 1부터 100까지 세기 시작한다. 그저 입으로 "하나, 둘, 셋…" 이렇게 세는 것이다.

이게 뭐가 좋냐면, '하기 싫다'는 생각에서 주의를 빼내 숫자로 옮기는 효과가 있다. 마치 게임에서 몬스터의 어그로를 딴 데로 돌리듯, 내 안의 '귀찮음 어그로'를 숫자 세기로 분산시키는 것이다.

숫자를 세기 시작하면 뇌는 그 일이 얼마나 싫은가 보다는 지금 몇을 세고 있나에 집중하기 시작한다. 그 사이에 몸은 이미 움직이기 시작한다. 설거지를 하며 '56, 57…' 숫자를 세고 있는 나 자신을 발견하게 된다. 이쯤 되면 '하기 싫음'이라는 감정은 조금씩 사그라진다. 그 대신 '일단 하고 있는 나'가 전면에 나온다.

나는 운동할 때도 이 방법을 자주 쓴다. 예를 들어, 스쿼트를 하기로 했는데 진심으로 몸이 하기 싫다고 외칠 때. 그럴 땐 반복 횟수를 세기보다 "그냥 100까지 숫자만 세 보자." 하고 몸을 움직인다. 빠르게 1부터 100까지 세며 몸을 움직이면, 어느 순간 이미 스쿼트를 하고 있는 나를 보게 된다.

이 방식은 하기 싫은 일에 대한 저항을 줄여 주고, 실제 해 봤더니 생각보다 힘들지 않다는 자각을 만들어 준다. 몸이 기억하는 것이다. '아, 이 정도면 할 만하네.'

그런데 중요한 건, 숫자 100을 다 세었는데도 여전히 저항감이 크다면, 그때는 과감하게 멈춘다.

'100까지는 해 보자'고 결심했으니 거기까지는 성실히 해 본다. 그런데도 몸이 계속해서 거부한다면, 그건 억지로 해서는 안 되는 신호다. 여기서 억지를 부리면 일이 더 꼬이기 마련이다.

이런 방식의 마인드는 매우 유연하면서도 강하다. 왜냐하면, 우리는 완벽을 추구하기보다 아주 작게 실천한 것을 높이 평가하기 때문이다. 예를 들어 스쿼트를 안 하느니, 100을 세는 동안 열 개라도 했다면 그건 분명 가만히 누워 있기만 했던 어제보다 진일보한 것이다.

숫자 세기는 운동에만 쓰는 것이 아니다.

나는 지루함을 견디기 위한 도구로도 숫자를 센다. 횡단보도에서 신호를 기다릴 때, 혹은 교차로에 정차한 채 브레이크에 발을 올려놓고 신호를 기다릴 때, 그냥 멍하니 있는 대신 호흡을 고르며 1부터 100까지 센다.

또 사우나처럼 너무 뜨거워서 버티기 힘든 공간에서도 '딱 100만 세자'고 마음먹고 들어간다. 그러면 어느새 숫자는 잊혀지고, 사우나 안에서 졸고 있는 나를 발견하곤 한다.

숫자 세기의 가장 위대한 힘은 감각을 다른 곳으로 전환시키는 데 있다.

나는 어릴 때부터 예민했다. 엄마 말에 따르면 늘 엄마만 찾고, 낯선 환경에서는 친척조차 싫어했다. 지금도 그 예민함은 사라지지 않았다.

예를 들어 만원 지하철이나 버스를 타면 갑자기 숨이 턱 막히고, 부딪힐까, 물건을 잃어버릴까, 누가 냄새 나면 어떡하지 같은 생각들이 쉼 없이 올라온다.

그럴 때 나는 나를 구하기 위해 다시 숫자를 센다.

예민함이라는 감각의 초점을 숫자라는 게임으로 돌리는 것이다.

하나, 둘, 셋… 그렇게 100까지. 이건 놀랍게도 감정의 회로를 바꾸는 데 큰 효과가 있다.

이렇게 반복하다 보면 어느새 지하철에 대한 두려움이 줄어들고, 나를 괴롭히던 감각들이 무뎌지는 것을 느낄 수 있다. 감각의 역치를 천천히 끌어올리는 것이다. 그리고 그 변화는 반드시 실생활에 영향을 미친다.

그래서 나는 누군가가 "너무 하기 싫어요."라고 말할 때 이렇게 말한다.

"일단 100부터 세어 봐요. 그러고 나서 판단해요."

그 사이에 몸이 자연스럽게 움직이기 시작할지도 모른다.

그렇게 100까지 세었는데도 마음이 너무 거부한다면, 괜찮다. 그건 억지가 아니라 자기 존중이다.

그 대신 100 중에 30, 50, 또는 자신이 좋아하는 숫자까지만 세고 잠깐 버텨 봐도 좋다. 버티다 보면 언젠가 우리는 결국 그 일을 '스스로' 해내는 순간을 만나게 된다.

루틴 없이 성공하기 위해서는 강박이 아니라 흐름을 타는 기술이 필요하다. 그 흐름의 물꼬를 트는 가장 쉬운 방법이 바로 '숫자 100 세기'다.

작은 실천으로 생각의 초점을 바꾸고, 감정을 이동시키는 이 방법은 루틴 없는 삶을 살아가는 우리에게 꼭 필요한 도구가 될 것이다.

인생은 한 방일지도, 대충 얻어걸리게 하라

한때 이런 고민을 진지하게 한 적이 있다. 여자친구를 사귀려면 나는 무엇을 갖춰야 할까? 나는 조건을 하나하나 리스트로 써 내려가기 시작했다. 몸짱이 되어야 하고, 공부도 잘해야 하며, 돈도 어느 정도 있어야 하고, 직업도 안정적이어야 한다고 생각했다. 그렇게 내가 부족하다고 느끼는 것들을 적어 내려가다 보니, 결론은 간단했다. 나는 연애를 할 자격이 없는 사람이었다. 자신감은 점점 줄어들었고, 어차피 지금 상태로는 여자친구를 만들 수 없다는 생각이 지배적이었다.

그러던 어느 날, 놀라운 소식을 듣게 된다. 나보다 더 못생겼다고 생각했던 친구에게 여자친구가 생긴 것이다. 나보다 조건이 좋다고는 도저히 말할 수 없는 그 친구가 어떻게 연애에 성공했는지 너무나 궁금했다. 그래서 나는 바로 물어봤다. "야, 어떻게 여자친구를 사귄 거야?" 그 친구는 이렇게 말했다. "용훈아, 우리같이 생긴 애들이 여자가 다가오길 기다리면 절대 안 생겨. 많이 만나고, 자주 보고, 대

시도 해야 정이 들고 마음이 열린다니까. 그냥 확률을 올리는 수밖에 없어."

그 말을 듣고 마치 머리를 한 대 맞은 것 같은 기분이 들었다. 지금까지 나는 꽃처럼 가만히 있으면 누군가가 나를 좋아해 줄 거라는 환상을 갖고 있었다. 하지만 현실은 정반대였다. 내가 꿀벌이 되어 꽃을 찾아다녀야 했던 것이다. 결국, 중요한 건 조건이 아니라 시도하는 횟수였다. 많이 다가가고, 많이 부딪히고, 많이 실패해야 겨우 한 번 기회가 생긴다는 사실을 깨달았다.

그 이후로 나는 전략을 바꿨다. 몸을 만들거나 돈을 벌기보다, 사람을 더 많이 만나고, 더 많이 대화를 나누고, 거절당해도 다시 시도하는 것에 집중했다. 물론 처음에는 부끄럽고 어려웠다. 하지만 하나씩 해 보니 생각보다 별일 아니었다. 누군가가 나를 거절한다고 해서 내 존재가 깎이는 것도 아니었고, 다음 사람을 만날 기회는 언제든 다시 찾아왔다.

그리고 이 과정에서 중요한 또 하나의 진리를 발견하게 된다. 연애를 하려면 연애를 목적으로 접근하면 안 된다는 것이다. '사귀고 싶다'는 마음이 너무 앞서면 상대는 부담을 느끼고 방어적으로 반응한다. 오히려 사람 대 사람으로 자연스럽게 관계를 맺고, 자주 보고 대화하면서 서로를 알아 가는 시간이 쌓일수록 진짜 호감이 생긴다. 내가 느낀 바로는 이 방식이 훨씬 더 현실적이고 성공 가능성도 높다.

나는 다양한 모임과 행사에 자주 나갔다. 억지로 나를 과장하거나 성적으로 어필하려 하지 않았다. 그보다는 '나는 이런 생각을 가지고 살아간다'는 식으로 내 정체성과 가치관을 어필했다. 처음에는 어색하고 반응도 미미했지만, 시간이 지나면서 점점 내 이야기에 공감해 주는 사람들이 생겼다. 그렇게 쌓인 인간관계 속에서 자연스럽게 좋은 여성을 만날 수 있었고, 결국 지금의 여자친구와 연애를 시작하게 됐다. 그녀는 예쁘고, 학벌도 좋고, 성격도 착했다. 조건만 따지자면 오히려 내가 부족한 입장이었다. 하지만 그녀는 나라는 사람 자체를 좋아해 줬고, 나도 그런 관계를 통해 자신감을 얻게 되었다.

이 방식은 연애에만 통하는 것이 아니다. 나는 인생 전반에 있어서도 이 철학이 유효하다고 믿는다. 가수나 배우, 코미디언을 꿈꾸는 사람들의 사례를 보면 분명하다. 운 좋게 단번에 데뷔한 사람들도 있지만, 대부분은 수없이 많은 오디션에서 떨어지고 실패를 경험한 끝에 겨우 한 번 기회를 얻는다. 어떤 개그맨은 7년을 준비해서 8년 차에 데뷔했고, 어떤 가수는 500번 넘게 오디션을 보며 좌절 끝에 겨우 한 곡으로 대중 앞에 설 수 있었다. 그 한 곡이 '한 방'을 만들어 낸 것이다.

사업가들도 마찬가지다. 상품 하나를 만들기 위해 수많은 투자자들에게 제안서를 보낸다. 그중 대부분은 거절한다. 하지만 중요한 건 '몇 번 거절당했느냐'가 아니라 '그 다음에 또 시도했느냐'이다. 계속 시도하다 보면 결국 가능성 있는 한 사람이 나타나고, 그 투자가 인생을 바꾸는 기회가 된다. 내가 직접 소규모 수입사업을 하면서도 느낀

점이다. 처음엔 한 개 팔리기도 힘들었고, 수익도 미비했지만 포기하지 않고 계속 테스트하고, 설명하고, 콘텐츠로 보여 주는 일을 반복하다 보니 결국 '터지는' 제품이 생기기 시작했다.

해병대에서는 이런 말을 한다. "안 되면 될 때까지." 이 말이 허세처럼 들릴 수도 있지만, 실제로 어떤 일을 이뤄 내는 사람들은 정말 그 정신으로 살아간다. 문을 계속 두드리다 보면, 언젠가는 열린다. 한 번의 시도가 세상을 바꾸기도 하고, 수백 번의 실패 끝에 단 한 번의 성공으로 인생이 전환되기도 한다. 그래서 나는 '인생은 한 방일지도 모른다'고 생각한다.

그리고 그 한 방을 위해 내가 세운 전략은 바로 '대충 얻어걸리게 하는 것'이다. '대충 하라'는 말은 무책임하게 하라는 의미가 아니다. 너무 심각하게 임하지 말고, 되면 좋은 거고, 안 되면 말자는 가벼운 마음으로 다가가자는 것이다. 강박적으로 성공을 좇다 보면, 성공하기도 전에 마음이 찌들고 몸이 망가진다. 그런 방식은 오래 가지 못한다. 오히려 대충 하면서도 꾸준히 도전하는 사람이 결국엔 뭔가를 얻는다.

실패의 이유를 깊게 파고들 필요도 없다. 왜냐하면 그 원인은 너무 많고, 대부분은 내가 통제할 수 없는 외부의 문제이기 때문이다. 가수가 되고 싶었는데 오디션에서 떨어졌다면, 단순히 실력이 부족해서가 아닐 수도 있다. 심사위원의 취향이나, 외모 기준, 시기적인 요소 등 수많은 변수들이 작용한다. 그러니 실패에 대해 분석하되, 집착하지는 말자.

  우리는 모두 결점이 있고, 인생은 완성형으로 존재하지 않는다. 중요한 건 그 결점에도 불구하고 다시 도전하는 용기다. 안 되면 일어나서 다시 시도하고, 또 도전하고, 또 넘어지면 다시 가볍게 일어나는 것. 그러다 보면 언젠가는 뜻하지 않은 '한 방'이 내 인생을 바꿔 주는 날이 올 수도 있다. 그게 아니더라도, 반복되는 시도 속에서 나는 무언가를 배우고, 성장하게 된다.

  그러니 인생을 너무 무겁게 끌고 가지 말자. '되면 좋고, 안 되면 말고' 정신으로, 대충 여러 번 시도해 보자. 그러다 보면 뭐라도 하나는 얻어걸리게 돼 있다.

지구력보다 창의력인 세상, 내 방식대로 모험할 것

　세상은 변했다. 아니, 이미 많이 달라졌다. 예전에는 얼마나 오래 버티느냐, 얼마나 꾸준히 반복하느냐가 성공의 조건이었다면, 이제는 완전히 다른 게임이 시작됐다. 과거는 지구력의 시대였다면, 지금은 창의력의 시대. 정보의 양으로 승부를 보던 시절은 지났다. 이제는 '어떤 정보냐'보다 '그걸 어떻게 조합하느냐'가 중요한 시대다.

　그렇다면 창의력이란 뭘까? 나는 공공연한 자리에서 이 개념을 설명할 때 '서울에서 부산까지 가는 방법'을 예로 든다. 누군가 "서울에서 부산까지 가야 해요."라고 말하면, 사람들은 다양한 방법을 말한다. KTX, 고속버스, 자가용, 비행기. 각자 자신이 아는 방식, 혹은 생각나는 방식으로 답을 내놓는다. 나는 여기서 바로 '이게 창의력이다'라고 말한다. 정해진 목적지(목표)가 있다면, 그 목표에 도달하는 수많은 경로를 떠올리고 조합하는 능력. 그게 바로 창의력이다.

　그런데 이 창의력은 어디서 오는 걸까? 나는 '경험'에서 나온다고 믿는다. 그냥 책에서 본 게 아니라, 실제로 몸으로 부딪힌 경험. 예컨대 나 같은 경우, 서울에서 해운대까지 시내버스만 타고 간 적이 있다. 대중교통 환승 없이, 진짜 시내버스만 타고. 중간에 대구에 들러 막창에 소주 한잔하고 하루를 자고, 다음 날 다시 출발해 해운대까지 도착했다. 총 1박 2일이 걸린 여정이었다.

비효율의 끝처럼 보이는 이 여행은, 나에게 창의력이란 어떤 건지 아주 직관적으로 알려 준 경험이었다. 단순히 목적지에 도달하는 것에만 초점을 맞췄다면, KTX 한 방이면 끝났겠지. 하지만 '어떻게'에 더 집중하니 그 과정에서 수많은 장면들이 생겼다. 지역마다 다른 방언, 다른 풍경, 다른 사람들. 그리고 그 여행을 통해 나는 '과정이 목적이 될 수 있다'는 걸 깨달았다.

이 경험은 이후에도 내 삶 전반에 영향을 줬다. 어떤 일을 계획할 때, 정답처럼 보이는 길 외에도 여러 가지 가능성을 떠올리게 되었다. 만약 안 되면? 그럼 또 다른 방식이 있을 거라 믿고 시도한다. 그 믿음이 창의력의 바탕이고, 그 출발점은 경험에서 비롯되었다.

창의력을 기르기 위해 경험이 중요하다는 건 두말하면 잔소리다. 그리고 경험의 스펙트럼을 넓히는 가장 좋은 방법 중 하나는 '여행'이라고 생각한다. 특히 해외여행. 전혀 다른 문화권, 언어도 통하지 않고 익숙한 시스템도 없을 때, 우리는 어쩔 수 없이 창의력을 발휘하게 된다. 예를 들어, 음식 하나 주문하려고 몸짓 손짓을 하며 설명할 때, 우리 뇌는 급속도로 창의력을 돌려서 해답을 만든다. 이때 쌓인 창의력은 한국에 돌아와서도 작동한다. 일상이 새롭게 보이고, 기존에 해 오던 방식에서도 변화를 시도하게 된다.

이런 창의력의 중요성을 가장 잘 보여 주는 장면이 하나 있다. 바로 영화 〈죽은 시인의 사회〉에서 로빈 윌리엄스가 학생들에게 교탁 위에 올라가라고 말하는 장면이다. 그들은 그전까지 한 번도 생각해 보지 않았던 시야를 경험하게 된다. 단지 높이가 달라졌을 뿐인데, 전혀 다른 세상이 보인다. 이 장면이 주는 메시지는 단순하다. '다르게 보기 위해선 자리부터 바꿔라.' 이게 창의력의 시작이다.

그런데 여기서 중요한 포인트가 있다. '시야'라는 건 눈으로 보는 것만이 아니다. 듣고, 냄새 맡고, 만지고, 심지어 감정적으로 느끼는 모든 감각이 포함된다. 다양한 감각을 통해 입력된 정보는 우리의 뇌 속에서 새롭게 조합되고, 그렇게 해서 완전히 새로운 생각과 아이디어가 탄생한다. 그러니까 창의력은 감각의 종합이고, 창조는 입력을 바탕으로 한 출력이다.

하지만 이 놀라운 창의력도 안 쓰면 녹슨다. 언제나 하던 대로만 하고, 도전하지 않고, 실패를 피하며 안정을 택하는 순간, 뇌는 굳는다. 그렇게 되면 내 인생은 다른 누군가의 설계도로 흘러가기 시작한다. 나만의 무늬가 사라지는 것이다. 그리고 우리는 흔히 창의력이 예술가나 발명가 같은 특별한 사람들의 전유물이라고 오해하지만, 사실 창의력은 우리 삶 곳곳에 숨어 있다.

예를 들어, 자기소개서를 쓸 때도 창의력이 필요하고, 집에 밴드가 없는데 손가락이 베였을 때 대처하는 것도 창의력이다. 좋아하는 사람 앞에서 무슨 말을 꺼내야 할지 고민할 때도 창의력이 필요하다. 우리 삶의 모든 순간은 창의력을 통해 더 나아지고, 더 재미있어질 수 있다.

지금 내가 누워있는 이 침대도 누군가의 창의력에서 출발했다. 노트북, 스마트폰, 커튼, 조명, 길거리에 있는 간판과 건물, 카페에서 마시는 커피 한 잔까지. 이 세상은 누군가의 창의적 상상에서 시작되었고, 그렇게 창조된 결과물로 우리는 살아간다.

그러니 우리라고 못할 이유가 있을까? 반복하면 강해지는 것이 근육이라면, 창의력도 마찬가지다. 해 보면 재미가 붙고, 재미가 붙으면 계속하게 되고, 그렇게 우리는 소비자에서 생산자로 변모하게 된다. 삶을 주체적으로 창조해 가는 것이다.

이제는 누군가의 '정답'처럼 보이는 삶을 따라가지 않아도 된다. 성공이라는 이름으로 덧씌워진 루트 대신, 어디로 튈지 모르는 탁구공처럼 살아 보자. 우리는 이 세상에 정답을 따르러 온 게 아니라, 모험을 하며 즐기기 위해 온 것이다. 창의력은 그 모험의 연료이자 도구다. 그렇기에 우리는 끝없이 상상하고, 도전하며, 실패하고 다시 조합해 나가야 한다. 그렇게 해야 비로소 나답게 살아간다는 말이 완성된다.

좋은 느낌을 기억해라

 우리가 어떤 일을 계속해 나가는 원동력은 무엇일까? 나는 '즐거움'이라고 생각한다. 좋은 기억이 쌓여야 목표까지 가기 쉽다. 이런 구조다. 어떤 행위를 해내고, 그것을 해냈을 때의 기쁨을 기억하고, 그 기쁨을 꺼내 다시 도전하고 또 해내고. 이건 행동의 선순환이다.

 행동은 결국 감정의 기억에서 시작된다. 우리가 반복적으로 무언가를 하게 되는 이유는 대부분 그것이 우리에게 긍정적인 감정을 남겼기 때문이다. 어린 시절 자주 갔던 떡볶이 가게에 어른이 되어서도 다시 가는 이유, 특정 노래를 들으면 괜히 기분이 좋아지는 이유. 모두 그 안에 묻어 있는 '좋은 느낌' 때문이다.

 나에게 맞는 일을 함으로써 행복을 느끼고, 그 행복이 나아갈 힘이 되는 것이다. 반대로, 억지로 참아 가며 결과만을 위해 살아가는 삶은 감정이 말라 버린 삶이다. 현대인의 삶이 대부분 그렇다. 참는 데 익숙하고, 이겨 내는 걸 미덕으로 배웠으며, 뭔가를 견디는 것이 성장이라고 믿는다. 하지만 그런 삶은 반드시 어딘가에서 무너지게 되어 있다.

　그건 설명하지 않아도 우리가 살아가는 세상을 보기만 해도 느껴진다. 거대한 모순 안에 숨겨진 디테일들을 보면 선명하다. 은퇴할 때까지 일만 하다 정작 은퇴 후에는 무엇을 해야 할지 몰라 방황하는 60대 아버지들. 자식을 키우는 게 인생의 전부라 여겼지만 자녀가 독립한 후 삶의 방향을 잃어버린 엄마들. 대학만 가면, 취업만 하면, 서른이 되면 뭔가 되어 있을 거라 믿고 달려온 청년들. 이들은 모두 지금 혼돈의 시대 속에서 길을 잃고 있다.

　이 방황을 끝내는 방법은 단 하나, 즐거움을 찾는 것이다. 그리고 그 즐거움을 '기억'하는 것이다. 사람은 감정이 있어야 움직인다. 논리나 의무만으로는 움직일 수 없다. 그저 '해야 하니까'로는 오래가지 못한다. 반면 '해 보고 싶어서' '다시 느끼고 싶어서'는 의외로 강력한 힘을 갖는다. 이 차이는 인생의 방향을 완전히 바꿔 버릴 수 있다.

　여기서 질문을 던져 보자. 최근에 무엇이 즐거웠는가? 그게 단순한 쾌락이든, 일시적인 흥분이든, 작지만 소중한 성취감이든 상관없다. 잠깐이라도 나를 웃게 했던 그 순간을 떠올려 보자. 그 감정은 다시 삶을 움직이게 하는 '기폭제'가 된다.

　나는 최근에 일본 여행을 다녀왔다. 여동생과 처음 함께한 해외여행이었다. 돌아와서 여독을 푸느라 몸이 조금 힘들기는 했지만, 이번 여행은 즐거운 기억이 중첩된 경험이었다. 따뜻했던 후쿠오카의 날

씨, 맛있는 먹거리, 우리가 산 쇼핑 아이템까지 모든 게 완벽하게 맞아떨어졌다.

물론 '맞아떨어졌다'는 표현은 지금 와서 스스로에게 맞춘 기억일지도 모른다. 하지만 그중에서도 강렬하게 남은 경험은 맛있는 음식을 먹었을 때였다. 일본 음식은 첫맛이 좋다. 한국 음식보다 단맛과 감칠맛이 강하고 자극적이어서 첫입부터 강하게 다가온다. 하지만 먹다 보면 물리기도 한다. 그런 음식 사이에서 나를 정말 감동시킨 맛집이 있었다. 바로 규카츠 집이다.

작은 화로에 한 번 튀긴 고기를 살짝 구워 먹는 방식이었다. 겉은 바삭하고, 안은 닭 가슴살처럼 부드럽게 씹힌다. 씹을수록 고기의 단맛이 배어 나오는 그 식감은 지금까지 먹어 본 어떤 음식보다 만족스러웠다. 그 순간 나는 분명 '맛의 즐거움'을 온몸으로 느꼈다.

이 기억은 규카츠에 대한 좋은 인상으로 남게 되었다. 그리고 나는 이 기억을 일부러 더 과장해서 표현하고 있다. 왜냐하면 즐거움이란 과장될수록 오래 남기 때문이다. 감정을 실어 표현할수록 우리는 그 기억을 더 선명하게 붙잡을 수 있다. 그래서 나는 후쿠오카에 대해 긍정적인 감정을 갖게 되었고, 다음 여행도 그곳으로 가고 싶다는 생각을 하게 된다.

이처럼 우리는 삶 속에서 즐거운 경험들을 자주 기억해 내야 한다. 그 기억은 우리의 동력이 된다. 여기서 중요한 건, 좋은 감정이 단지 '그때 좋았어'로 끝나지 않는다는 점이다. 그것은 지금의 나를 움직이게 하는 기초가 되고, 앞으로의 나를 변화시키는 연료가 된다. 다시 가고 싶은 장소, 다시 만나고 싶은 사람, 다시 시작하고 싶은 일이 생긴다면 그건 모두 '좋은 기억'에서 시작된 것이다.

그리고 가장 좋은 방법은 글로 쓰는 것이다. 머릿속에만 담아 두는 것도 좋지만, 글로 꺼내는 순간 그 기억은 훨씬 더 오래 간다. 시각화된 감정은 뇌에 더 깊이 새겨진다. 그냥 느낌으로만 가지고 있는 기억보다, 글로 정리된 기억은 훨씬 더 나를 붙잡아 준다.

꼭 나처럼 거창한 여행이 아니어도 괜찮다. 지금 나는 한 카페에 앉아 이 글을 쓰고 있다. 이 평범한 순간도 나는 잊고 싶지 않다. 5월의 푸르름이 보이는 통창, 바람이 살랑살랑 불어오는 20도 내외의 온도, 조용하고 적당한 사람들로 채워진 공간, 그리고 고등학교 시절 나를 위로해 줬던 발라드가 배경으로 흐르는 지금. 나는 이 순간에 집중하고 있고, 이 순간을 기록함으로써 기억하고 싶어진다.

이런 식으로 써 내려가다 보면 특별하지 않아도 내가 즐거웠던 것, 기쁘게 만든 것들을 더 잘 발견하게 된다. 내 감각은 점점 '기쁨을 탐지하는 레이더'처럼 변해 간다. 어떤 감정에 집중하는지에 따라 삶의 방향도 달라진다. 같은 하루를 살아도, 어떤 감정을 기억하는가에 따라 그것은 완전히 다른 하루가 된다.

세상은 온통 부정적인 정보로 가득하다. 뉴스, SNS, 댓글 어디든 쏟아지는 건 불안, 분노, 좌절이다. 그런 세상에서 살아남기 위해서는 억지로라도 즐거움을 찾는 감각을 길러야 한다. 그렇지 않으면 나도 모르게 냉소에 물들고, 사람에 대한 회의로 가득 찬 삶을 살게 된다.

그런 삶은 에너지를 끊임없이 소비하기만 하고, 좀처럼 채워지지 않는다. 그렇게 되면 결국 '인생은 재미없는 것'이라는 결론에 다다르게 된다. 그리고 흥미도 없이, 기대도 없이, 시간만 낭비한 채 살아가게 된다.

나는 그런 인생에 반기를 든다. 어차피 한 번 사는 삶, 그리고 앞으로 80년 가까이 더 살아갈 인생이라면 좋은 것들을 보고, 좋은 기억을 떠올리고, 즐거운 일을 자주 하면서 살아야 하지 않을까? 그렇게 살아야 후회 없는 삶이 될 수 있다.

아침에 일어나면 SNS 먼저 본다

　새로운 기술이나 서비스가 나올 때마다 따라붙는 것이 있다. 바로 부작용에 대한 이야기다. 사람들은 새로운 것에 경계심을 갖고, 거기서 조금이라도 이상한 점이 발견되면 마치 그 전체가 위험한 것처럼 몰아간다. 초창기 컴퓨터가 나왔을 때도, "이건 일반인이 쓸 수 없는 물건이다."라는 말이 많았고, 자율주행 자동차에 대해서도 "사람 없이 차가 어떻게 움직이냐"고 손사래를 쳤다. 그러나 결국은 모두 실현되었다. 지금은 아무렇지도 않게 자율주행 택시가 도심을 달리고, 일반인 누구나 컴퓨터를 다룬다.

　이건 기술뿐만 아니라 식품에도 똑같이 적용된다. 예를 들면 제로음료에 들어가는 인공감미료. 설탕은 혈당을 올리고, 인슐린 저항성을 떨어뜨려 결국 당뇨라는 병을 불러온다. 그래서 대안으로 나온 게 인공감미료다. 덕분에 사람들은 혈당 걱정 없이 달콤한 음료를 즐길 수 있게 되었고, 당뇨 예방에도 도움이 된다. 그런데 이 인공감미료가

인기를 끌자, 곧바로 '부작용'이라는 꼬리표가 따라붙는다. 연구 결과 어쩌고 저쩌고 하면서 겁을 준다. 하지만 나는 그런 걸 다 믿지 않는다. 내 몸에서 혈당이 오르지 않는다는 사실 하나면 충분하다. 나는 실제로 제로 음료를 많이 마시고, 집에도 제로 이온음료, 제로 콜라, 제로 비타민 등등이 한가득이다. 이게 앞으로 나에게 어떤 영향을 줄지는 모르겠지만, 연구자들도 모른다. 그런데 나는 먹는다. 왜냐면 나한텐 지금 이게 좋은 음료니까.

이처럼 새로운 무언가가 나왔을 때, 그걸 무작정 의심부터 하는 태도는 때로는 발전을 막는 걸림돌이 된다. 이제 다시 서비스 이야기로 돌아가자. 스마트폰으로 아침에 보는 SNS는 정말 나쁜 걸까?

사람들은 말한다. "아침에 SNS 보면 부정적인 정보를 먼저 접해서 기분이 나빠진다." "전자파 때문에 몸이 안 좋다." 그런 말을 접하면, 나도 모르게 스마트폰을 들 때마다 죄책감이 든다. '이러면 안 되는데…' '이거 독이야…' '그만 해야지…' 그런데 이렇게 자꾸 하지 말자 하지 말자 하면 오히려 거부감이 더 커지고, 결국 그 '하지 말자' 던 것에 더 집착하게 된다. 이 모든 건 처음에 들었던 부정적인 정보 때문인 경우가 많다.

하지만 나는 아침에 스마트폰을 본다. 그리고 그게 내게는 도움이 된다. 특히나 피곤해서 다시 자고 싶을 때, 짧고 자극적인 숏폼 영상을 보면 기분이 올라간다. 귀엽고 웃긴 영상들이 도파민을 자극하고, 자연스럽게 집중력이 올라가면서 잠이 깬다. 그러면 다시 누워 '5분만 더' 하는 게 아니라, 일어나서 바로 하루를 시작하게 된다.

우리는 흔히 '5분만 더 자야지' 하다가 30분을 더 자고, 또 일어나기 힘들어한다. 그런데 수면이라는 건 한 번 깼으면 그대로 일어나는 게 신체적으로 더 건강하다. 억지로 다시 자면 몸은 '이 사람 아직 더 자야 해'라고 인식하고, 하루 종일 졸린 상태를 유지하게 된다. 이런 이유로라도, 차라리 숏폼 하나 보고 머리를 깨우는 게 낫지 않을까?

물론 이렇게 말하면 또 반문하는 사람들이 있다. "그렇게 5분만 본다 해 놓고 한 시간 보는 사람들도 많다." 그런데 그건 단순한 스마트폰 문제가 아니다. 이후에 해야 할 일이 정말 중요하다면, 사람은 SNS를 오래 보지 않는다. 예를 들어 출근을 1분만 지각해도 100만 원 벌금을 내야 하는 회사가 있다고 가정해 보자. 그럼 어떻게든 SNS고 뭐고 제끼고 제시간에 나가게 된다. 또는 좋아하는 이성과의 첫 데이트인데, 그 이성이 지각하는 사람을 싫어한다고 했다고 치자. 그럼 어떻게든 시간을 맞추려 할 것이다.

즉, SNS를 오래 보는 건 그 다음 일정이 중요하지 않기 때문에 가능한 거다. 그래서 'SNS가 나쁘다'고 결론 내리는 건 너무 단순하다. 문제는 SNS가 아니라, 내가 SNS보다 덜 중요하게 여기는 그 '다음 일정'이다.

또한 SNS가 악처럼 느껴지는 또 다른 이유는 뇌 과학적인 메커니즘 때문이다. SNS를 하며 자극적인 정보나 영상들을 보면 도파민이 분비된다. 도파민은 쾌락을 주지만, 일정 시간이 지나면 반드시 다운되는 구간이 있다. 이건 우리 몸의 자연스러운 반응이다. 술을 마신 후의 무기력함, 섹스를 한 후의 허무함, 도박 후의 죄책감 등과 같은 회로다. 그렇기 때문에 아침에 SNS를 보고 잠깐 기분이 좋아졌다가, 시간이 지나 약간 멍해진다고 해서 '현타'가 왔다고 스스로를 질책할 필요는 없다.

너무 당연한 신체의 흐름인데, 마치 그 감정이 잘못된 것처럼 여기고 괴로워할 필요는 없다는 얘기다. 그냥 '좋은 자극을 받았으니 이제 마음이 자연스럽게 가라앉는구나' 하고 넘기면 된다.

오히려 나쁜 건 그런 감정을 이용해서 사람들의 불안을 자극하는 콘텐츠들이다. 유튜브 썸네일에서 '아침의 SNS는 독이다!' 같은 자극적인 문구를 보면, 이미 지친 사람들은 더 지치고, 죄책감 속에서 콘텐츠를 소비하게 된다. 정작 진짜 독은 그런 콘텐츠들이다.

현대의 도구는 그 자체로는 아무런 잘못이 없다. 인공감미료도, 스마트폰도, SNS도 마찬가지다. 어떻게 바라보고 어떻게 활용하느냐가 중요하다. 나는 SNS 덕분에 돈을 벌고 사람을 만나고, 아이디어를 얻는다. 아침에는 틱톡에 들어가 'CUTE DOG'을 검색해서 귀여운 강아지 영상을 본다. 그걸로 하루의 기분이 좋아지고, 웃으면서 하루를 시작할 수 있다.

이렇듯 무조건 '나쁘다'는 프레임에서 벗어나야 한다. 기술이나 서비스가 중요한 게 아니다. 그것이 나에게 어떤 좋은 영향을 주는지를 스스로 판단해야 한다. 그게 바로, 이 풍요로운 시대를 더 잘 누리는 법이다.

 무엇이든 '하지 말라'는 말보다 '어떻게 하면 좋을까'를 고민해 보는 게, 진짜 자기 삶을 살아가는 방법이 아닐까?

한 가지 일만 해야 한다고?
난 여러 가지 일을 하며 살아간다

내가 스무 살쯤 됐을 때, 그러니까 2000년대 초반. 어른들을 만나면 꼭 빠지지 않고 이런 말을 들었다. "한 길만 가야 성공한다. 한 우물을 파야 한다." 마치 정해진 공식 같았다. 특히 우리 사회는 장인정신을 미덕처럼 여겼다. 하나를 시작하면 무조건 끝을 봐야 하며, 인생이란 건 그렇게 꾸준하게 쌓아 가야만 가치가 생긴다는 식이었다.

처음에는 그 말이 맞는 줄 알았다. 어른이 하는 말이니까 그런가 보다 했고, 나도 그렇게 살아야 하나 싶었다. 하지만 내 마음속에는 늘 의문이 있었다. 왜 꼭 하나만 해야 하지? 하고 싶은 것도 많은데, 궁금한 것도 넘쳐 나는데, 왜 삶을 단 하나로 정의해야 하지?

T자형 인간이라는 말을 많이 들었다. 한 가지를 깊이 파고 그 위에 넓은 지식을 갖춘 사람. 반대로 O자형 인간은 깊이는 얕지만 이것저것 많이 아는 사람. 당시 사회는 T자형만이 '성공한 인간'으로 여

겼다. 하지만 나는 명백히 O자형 인간이었다. 흥미가 생기면 해 봐야 직성이 풀렸고, 깊이보다는 넓이로 사고하고 움직이는 편이었다.

그래서 혼란스러웠다. 내 기질은 O자형인데, 머릿속에는 'T자형이 돼야 한다'는 고정관념이 있으니 자꾸만 자기부정이 생겼다. '왜 난 하나만 못 하지?' '왜 이 일도 저 일도 오래 못 붙잡고 있는 거지?' 이런 자책이 쌓였다. 요즘은 퇴사 세 번 했다는 브이로그가 넘쳐 나지만, 나는 퇴사만 열 번은 넘었다. 호텔 프런트, 패스트푸드, 매니저, 피자 배달, 서빙, 놀이공원. 수많은 알바와 단기직을 했지만, 나는 그걸 실패라고 생각하지 않았다. 단지 그 일이 내 길인지 아닌지를 확인해 보는 과정이었다.

문제는 사회가 그것을 '끈기 부족'으로 해석했다는 것이다. 그리고 나 자신도 어느 순간부터 그 시선에 휩싸이기 시작했다. 30대가 넘어서도 그 생각에서 완전히 벗어나지 못했다. 나란 사람은 이도 저도 아닌 애매한 존재가 아닐까, 하는 스스로에 대한 실망감도 있었다.

그러던 어느 날, 유튜브를 보다 '다능인Multipotentialite'이라는 개념을 접하게 되었다. 에밀리 와프닉이라는 작가의 TED 강연이었는데, 거기서 그녀는 '한 가지만 좋아하지 않는 사람들'도 충분히 의미 있는 삶을 살 수 있다고 이야기했다. 다능인의 특성은 흥미가 빠르게 옮겨 가는 대신 빠르게 배우고, 다양한 경험을 융합할 수 있는 능력이 있다는 것이다. 그리고 그 융합이야말로 지금 시대에 필요한 창의성의 원천이라고 했다.

그 말을 듣는 순간, 나는 구원받는 느낌이었다. 나는 못난 게 아니라, 다른 방식으로 살아가는 사람일 뿐이었다. 과거에는 전문성 하나만 있어야 살아남았지만, 지금은 다르다. 산업화 시대에는 기계처럼 한 가지 일을 반복하는 사람이 필요했지만, 지금은 복합적인 문제를 해결할 수 있는 사람이 더 요구된다.

실제로 하버드 교육학자인 하워드 가드너는 '다중지능이론'에서 사람마다 뛰어난 영역이 다르다고 말한다. 언어지능, 공간지능, 신체지능, 대인지능 등 다양한 지능이 존재하며, 어떤 하나만 우위에 둘 수 없다는 것이다. 지금의 시대는 이 다양한 능력을 연결할 줄 아는 사람, 즉 융합형 인간을 필요로 한다.

내 경험 속에서도 이런 융합은 명확히 나타난다. 나는 과거에 음악을 했다. 그런데 그때는 소리 압축이나 피크 값 같은 개념은 잘 몰랐다. 그냥 노래 부르고 가사 쓰는 게 좋았다. 작사와 동시에 랩을 했고, 음악으로 뭔가 말하고 싶었다. 결국 음악을 접게 되었지만, 그 경험은 콘텐츠를 만들면서 되살아났다. 유튜브 내레이션을 녹음할 때, 처음엔 그냥 소리를 크게 만들면 되는 줄 알았다. 그런데 피크를 찍으며 찢어지는 소리가 났고, 발음도 뭉개지곤 했다.

그걸 해결하려다 과거의 기억이 떠올랐다. 소리를 다룰 때 사용하는 '컴프레서'라는 기능이다. 그때는 개념도 몰랐지만, 지금은 안다. 마치 옷 압축 팩처럼 큰 소리를 눌러 주고 작은 소리를 끌어올려 전체적으로 고르게 만들어 주는 역할을 한다. 요즘은 장비보다는 프로그램 안에서 이 기능을 조정하는 경우가 많다.

  그 기능을 이해하게 되니, 목소리와 배경음악 사이의 밸런스를 훨씬 섬세하게 조정할 수 있게 되었고, 결과물의 퀄리티도 확 달라졌다. 그때의 음악 경험이 지금의 영상 제작에 연결된 것이다. 이건 절대 책이나 영상 강의만으로는 알 수 없는 감각이었다. 경험의 축적이 있었기 때문에 가능했던 연결이었다.

  또 하나의 경험이 있다. 대리운전을 할 때, 한 손님 덕분에 수동운전을 배운 적이 있다. 나는 1종 보통 자격은 있었지만, 실제로 수동 차량을 몰아 본 적은 거의 없었다. 그런데 어느 날 1톤 트럭 운전을 해야 했고, 그 손님이 차분히 설명해 주며 트럭 운전법을 알려 줬다. 나는 돈도 받고 배움도 얻었다. 그때의 경험 덕분에 지금은 수동운전도 자신 있게 한다.

  그 기술이 진짜로 빛났던 건, 제주도에서 벌초를 할 때였다. 제주에선 산자락이나 밭 안쪽에 묘지가 있는 경우가 많은데, 오토 차량으로는 절대 들어갈 수 없는 곳도 있다. 수동 4륜 구동 차량을 운전할 수 있었던 덕분에, 묘지까지 가는 길을 대신 다녀와 일손을 줄일 수 있었다. 누군가에겐 사소한 일이겠지만, 이런 경험들이 내겐 생존력이었다.

  결국 내가 깨달은 건 이것이다. 점을 많이 찍어 봐야 어떤 그림이 그려지는지 알 수 있다는 것. 점 하나만 깊게 파면, 멋진 원은 그릴 수 있을지 몰라도, 그건 단지 과녁 모양일 뿐이다. 복잡하고 유연한 세상을 살아가려면, 다양한 점을 찍고 그걸 연결해야 한다. 그리고 그게 나다운 삶의 방식이었다.

사람은 각자 다르다. 누군가는 하나만 깊이 파는 게 맞고, 누군가는 여러 분야를 넘나들며 살아야 자기답다. 지금까지의 사회는 T자형 인간만을 인정해 왔다면, 이제는 O자형 인간이 존중받는 시대가 되었다. 시대가 바뀌면 나도 바뀌어야 한다. 나는 그래서 작가도 되고 싶고, 유튜버도 되고 싶고, 인플루언서로서 말하고 싶다. 그 안에는 영향력을 나누고 싶은 무의식도 있지만, 본질은 한 가지 정체성에 나를 가두지 않겠다는 태도다.

물론 이건 내 성향이다. 누군가는 한 길만 파는 게 더 재밌을 수 있다. 그것도 맞다. 중요한 건 각자의 방식대로 살아가는 것이다. 자신이 지금 T자형 인간인지, O자형 인간인지, 아니면 또 다른 어떤 형태의 인간인지는 본인이 정하는 거다.

그렇게 하다 보면 언젠가는 뭔가 되겠지. 그렇게 믿고 산다. 여러 가지 일을 하더라도, 지금처럼 내가 하고 싶은 일에 몰입하고, 그것을 연결해 나간다면 충분히 먹고살 수 있는 세상이다. 특히 요즘은 경험과 정보만 나눠도 수입이 생긴다.

그러니 다양한 것들을 해 보고, 포기해 보고, 융합하다 보면 어느 순간 재미를 찾을 수 있을 것이다. 즐겁게 살아가길 바란다.

왜? 라는 질문이 돈이 되는 시대

최근에 '왜?'라는 질문을 스스로에게 해 본 적이 있는가?
우리가 어릴 적엔 그런 질문을 수도 없이 던졌을 것이다. 나도 마찬가지였다. 부모님께 "이건 왜 그래?" "왜 그런 거야?" "왜?" "왜?" 하고 끊임없이 묻곤 했다. 그러다 한두 번 "그만 물어봐!"라고 혼나고, 학교에서는 "쓸데없는 데 관심 갖지 마."라는 말을 들으며, 서서히 왜? 라는 질문은 '하면 안 되는 것'으로 학습되었다. 그렇게 우리는 질문을 멈추고, 정답을 외우는 존재로 자라났다.
정답만을 요구하는 대한민국 교육의 구조상, '왜?'라는 질문은 귀찮은 것이고, 주어진 것을 받아들이는 것이 미덕이었다. 군대에서도, 회사에서도 "까라면 까."라는 말이 일상이었다. 특히 우리 80년대 후반에서 90년대 중반생들까지는 그 분위기 속에 자라 왔다. 그러다 보니 질문하는 법을 잃어버렸다. 스스로 생각하는 대신 누가 시키는 대로만 움직이는 어른이 되어 갔다.

그리고 그렇게 탄생한 것이 젊은 꼰대였다. 나이도 많지 않은데, 사회의 룰을 잘못 배워 젊은 사람들을 통제하려 들고, 자기 생각이 정답이라고 밀어붙이는 인간. 고백하자면 나도 그랬다. 정답이라는 것에 취해 있었고, 기준에서 벗어난 사람들을 손가락질했다. 문신을 하거나 염색을 하는 사람을 보면 '왜 저러나' 하는 생각부터 들었고, 사람들을 이해하기보다는 평가하고 판단하는 데 익숙해져 있었다.

그러다 어느 순간 문득, 이런 생각이 들었다. '왜 나는 이렇게 되었을까?'

이 질문 하나가 전환점이었다. '왜 사람들과 깊은 대화를 나누기 힘들까?' '왜 나는 인간관계가 피곤하지?' '왜 나는 감정 표현이 서툴까?' 질문이 이어질수록, 나는 내가 했던 많은 판단과 태도가 '입력값'에 불과했다는 걸 알게 됐다. 누군가의 말, 사회가 말하는 기준을 무비판적으로 받아들였던 것뿐이다.

이런 흐름은 심리학적으로도 설명된다. '인지적 고착Cognitive Fixation'이라는 개념이 있다. 이는 기존의 사고방식에 집착해 다른 가능성을 보지 못하는 심리적 습관이다. 왜?라는 질문은 이 고착을 푸는 열쇠다. 창의성과 혁신은 언제나 질문에서 시작된다. 에릭슨의 심리사회 발달 이론에서도 청소년기와 초기 성인기에 자아정체성을 형성하는 중요한 방법 중 하나가 바로 '자신에 대한 의문'이다.

그런데 요즘은 다행히도 '왜?'라는 질문을 던지기 좋은 시대다. AI 덕분이다.

AI를 쓰면서부터 나는 질문을 습관처럼 하게 되었다. 내가 갖고 있는 믿음이 맞는지 검증도 하고, 궁금한 건 뭐든지 물어볼 수 있게 되었다. 예전에는 누군가에게 물어보는 게 부담스러웠고, 대답이 틀릴까 봐 걱정했는데, 지금은 AI에게 자유롭게 묻고 여러 자료를 비교하며 판단할 수 있게 되었다.

그렇게 '왜?'라는 질문이 많아지면서 내 컨텐츠도 변화가 생겼다. 예전에는 내가 좋아하는 것, 내가 경험한 것 만을 중심으로 했다. "5성급 호텔에 다녀왔습니다." "여자친구와 심리센터에 갔어요." "혼자 베트남에 여행 왔어요." 같은, 말 그대로 나를 중심에 둔 이야기였다.

하지만 왜? 라는 질문을 붙이기 시작하면서 흐름이 달라졌다.

'왜 우리는 비엣남이 아니라 베트남이라고 부르지?'

'왜 일본 음식은 먹다 보면 물릴까?'

'왜 베트남엔 에어컨이 프리미엄일까?'

이런 질문들을 컨텐츠로 다뤘더니 놀랍게도 반응이 왔다. 나의 호기심이 누군가의 호기심이었고, 그걸 대변해 주는 콘텐츠는 더 많은 관심을 받았다. 중심이 나에게서 시청자에게로 이동한 것이다.

미국의 심리학자 조지 로언스타인은 '호기심 격차 이론Curiosity Gap Theory'에서 말한다. 사람들은 자신이 모르는 것을 알게 될 가능성이 있을 때 강한 동기를 느낀다고. 내가 만든 콘텐츠는 바로 그 격차를 자극했다.

그리고 이건 단지 콘텐츠에서 끝나지 않았다. 사업에서도 마찬가지였다.

  2024년에 나는 콘텐츠 수익만으로 먹고 살기 힘들어 중국에서 물건을 수입해 쿠팡에 올렸다. 그때 떠오른 질문은 "왜 예쁜 캡슐세제 통이 없지?"였다. 내가 불편했던 것을 의심해 봤고, 그게 나만의 호기심은 아닐 것 같다는 생각에 100개를 수입했다. 결과는 놀라웠다. 30분 만에 완판. 200개, 300개, 400개도 마찬가지였다. 내 호기심이 곧 누군가의 니즈였고, 그것이 돈이 되었다.

  여기서 나는 확신하게 되었다. 일상의 모든 '왜?'는 기회일 수 있다는 것.

  왜 변기는 의자처럼 생겼을까?

  왜 사람들은 특정 브랜드에 집착할까?

  왜 침대보는 자꾸 벗겨질까?

  이런 사소한 '왜?'에서부터 아이디어는 시작된다. 그리고 그 아이디어는 컨텐츠가 되고, 제품이 되고, 서비스가 된다. 중요한 건 이 질문을 진지하게 받아들이고, 실행으로 옮겨 보는 것이다.

  물론 모든 아이디어가 성공으로 이어지진 않는다. 하지만 실패해도 상관없다. 점이 선이 되고, 선이 그림이 되듯, '왜?'라는 질문은 우리의 삶을 채우는 점이 된다. 그 점들을 계속 찍어 가다 보면, 언젠가 나만의 그림체가 완성된다.

  이 책 역시 마찬가지다. 나는 '왜 우리는 루틴을 따라야 하지?'라는 질문에서 출발했다. 루틴을 강요하는 세상에서, 루틴 없이도 잘 사는 법이 있지 않을까? 하고.

그 질문이 이 책의 시작이었고, 호기심은 이렇게 내 삶의 방향을 바꿔 주었다.

그러니 당신도 지금 당장 왜? 라는 질문을 해 보자.

그 질문 하나가 당신 인생의 방향을 바꿀 수도 있으니까.

그리고 그게 곧 돈이 되는 시대가 이미 도래했다.

3장

생각을 다르게 하면 인생이 달라진다

새로운 것을 만들지 말고 모방부터 해라

아이디어는 도대체 어디서 오는 걸까? 아르키메데스처럼 욕조에서 목욕을 하다가 '유레카!'를 외치며 번뜩이는 걸까? 아니면 걷다가? 자다가? 누군가와 대화하다가? 정확히 어디서 시작되는지는 알 수 없지만, 나는 아이디어의 시작은 '모방'이라고 본다. "모방은 창조의 어머니다." 이 말, 나는 정말 좋아한다.

우리는 태어나자마자 모방으로 인생을 시작한다. 엄마 아빠를 따라서 웃고 울고, 옹알이하고, 걷고, 말한다. 심지어 사소한 버릇이나 습관까지도 무의식 중에 따라 하게 된다. 그래서 '가족력'이라는 말도 괜히 있는 게 아니다. 이처럼 우리 삶은 '복제'로 시작되고, 점차 '변형'과 '응용'을 통해 우리 것처럼 보이게 되는 것이다.

어릴 땐 부모님을 따라 하고, 학창 시절엔 친구를 따라 하고, 성인이 되면 내가 닮고 싶은 사람을 따라 하며 성장한다. 우리는 사실 이 세상에서 완전히 온전한 '내 것'을 처음부터 가지고 있는 사람이 아니다. 다 무언가를 보고, 듣고, 느끼며 흡수해 온 결과물 위에 지금의 '나'가 존재하는 것이다.

그럼 여기서 질문 하나. 내가 뭔가를 만들고 싶을 때, 처음에 뭘 해야 할까? 답은 간단하다. '일단 따라 해 보는 것.' 나는 책을 쓸 때도 그렇게 시작한다. 책 주제를 먼저 정하고, 그와 유사한 주제를 다룬 책을 읽기 시작한다. 한 권으로는 부족하다. 두 권, 세 권, 많게는 열 권 이상 읽는다. 그러면서 다양한 작가들의 관점, 주장, 사고방식을 흡수하고 내 아이디어와 조합한다. 그렇게 해서 만들어지는 것이 바로 나의 '작품'이다. 나는 내가 만드는 모든 것을 작품이라 부른다. 블로그 글도, SNS 영상도, 책 원고도 전부.

그런데 많은 사람들이 '창작'을 어렵게 느끼는 이유는 이 시작점을 몰라서 다. "뭘 해야 할지 모르겠어요."라는 말을 자주 듣는다. 그럴 때 나는 항상 같은 피드백을 준다. "일단 베껴." 글을 잘 쓰고 싶으면 필사를 하고, 노래를 잘 부르고 싶으면 좋아하는 가수의 창법을 따라 하고, 그림을 잘 그리고 싶으면 누군가의 그림을 따라 그려라. 정말 간단한 방법이다. 처음엔 따라 하는 것이고, 그 다음엔 응용이고, 마지막엔 변형이다. 그렇게 몇 개 따라 하다 보면 어느새 '내 것'이 된다.

이건 단순히 결과물을 얻기 위한 방법론이 아니다. 예를 들어 보자. 내가 귀여운 판다를 그리고 싶다고 생각해 보자. 막상 떠올리면 얼룩덜룩한 패턴, 통통한 몸, 검은 눈동자. 여기까지만 생각난다. 그런데 이걸 디테일하게 표현하고 싶을 때 우리는 어떻게 할까? 바로 검색을 한다. '판다 일러스트' '귀여운 판다 캐릭터' '실사 판다 이미지' 등등. 이렇게 이미지를 모아 보면 수십 수백 개의 다양한 판다가 나온다. 그중 마음에 드는 스타일을 고르면 된다.

그림 실력이 부족해도, 따라 그려 보는 순간 우리는 '할 수 있는 구체적인 이미지'를 갖게 된다. 흐릿하던 목표가 선명해지고, 그 길의 방향이 보이기 시작한다. 그게 바로 모방의 힘이다.

우리는 흔히 영감이 하늘에서 뚝 떨어지는 줄 알지만, 실은 내가 목표로 삼은 '무언가'를 보고, 그걸 따라 해 보면서 영감은 더욱 선명해진다. 이건 SNS 콘텐츠에도 그대로 적용된다. "조회수 많이 나오는 영상 만들고 싶어요." 그러면 내가 항상 하는 말은 같다. "그럼, 조회수 많이 나온 영상부터 따라 하세요." 정답은 늘 가까운 곳에 있다.

특히 SNS는 변수가 너무 많아서, 뭐가 터질지 아무도 모른다. 그런데도 한 가지 확실한 건 있다. 이미 터진 콘텐츠의 '패턴'을 파악하고 비슷하게 만들면 터질 확률이 높아진다는 점이다. 물론 똑같은 구성이나 구도는 표절 논란이 될 수 있지만, 핵심 컨셉을 참고하는 것은 오히려 발전을 위한 기본 과정이다.

잘된 콘텐츠도 누군가의 것을 보고 따라 한 결과일 가능성이 높다. 그런데도 사람들은 따라 하는 것에 죄책감을 느낀다. "이거 내가 만든 게 아니야…" 그런데 그게 잘못된 생각이다. IT업계에서는 유명한 말이 있다. "바퀴를 새로 만들지 마라." 이미 굴러가는 바퀴가 있다면, 그걸 가져다 쓰면 된다. 새로운 바퀴를 만들겠다고 멈춰 있는 것보다는, 이미 만들어진 바퀴를 끌고 나만의 자동차를 조립해 나가는 게 훨씬 빠르고 효과적이다.

스티브 잡스도 그랬다. 초기의 애플 제품은 독일 브라운Braun 디자인과 소니의 감성을 따라 만들었다. 하지만 그 모방은 단순 복제에 그치지 않았다. 그는 자신이 좋아하던 것들을 조합해 '혁신'이라 불릴 수 있는 제품을 만들어 냈다. 삼성도 마찬가지다. 아이폰이 나오자마자 갤럭시를 만들어 시장을 공략했다. 모방이 곧 퇴보를 의미하지 않는다. 오히려 발전과 진화의 시작이다.

이렇게 거대한 기업도 모방에서 시작하는데, 우리는 왜 작은 시도조차도 양심의 가책을 느끼며 꺼리는 걸까? 모방은 부끄러운 게 아니라 인간의 본능이다. 우리는 따라 하면서 배운다. 그리고 그 속에서 자기만의 색깔을 만든다.

만약 지금 영감이 없다면, 새로운 감정을 느끼고 싶다면, 뭔가를 만들고 싶은데 방법을 모르겠다면, 가장 먼저 해야 할 일은 이것이다. 내가 바라는 무언가를 이미 해낸 사람들의 결과물을 찾아보고, 하나씩 따라 해 보는 것. 그게 바로 시작이다. 우리가 어릴 적 엄마 아빠를 보며 웃는 법, 걷는 법, 말하는 법을 배웠던 것처럼.

정보의 시대는 충동이 답이다

내가 고등학생이던 시절, 세상은 곧 '정보화 시대'가 될 거라고들 말했다. 그땐 그 말이 뭔 뜻인지 몰랐다. IT 기술이 발전한다는 건가? 산업혁명이 또 오는 건가? 아니면 'N차 혁명'이란 말처럼 어떤 거대한 변화가 온다는 건가? 막연했다.

하지만 시간이 흐르고 지금 와서 보니, 그 말은 이렇게 해석된다. '정보를 많이 가진 자가 권력을 갖는다.' 즉, 정보를 빨리 알고 정확하게 이해하며 그것을 어떻게 활용하느냐가 성공을 좌우한다는 얘기였다. 결국 정보가 곧 자산이 되고, 그것을 통해 경쟁력을 갖추는 사람만이 이 시대에서 살아남는다는 것이다.

이 관점에서 보자면, 나는 완전히 실패한 유형의 인간이었다. 나는 정보를 적극적으로 구하기보다는 주어지는 대로 받아들이는 수동적인 태도를 취했다. 정보를 검증하지도 않았고, 오히려 너무 많은 정보 속에서 길을 잃고 방황했다. 그러다 보니 생긴 문제가 바로 '결정

장애'였다.

선택지가 많아질수록 사람은 무기력해진다. 심리학 실험에서도 두세 개의 선택지까진 괜찮지만, 그 이상이 되면 오히려 아무것도 선택하지 못하게 된다고 한다. 나는 그 무력감에 익숙해졌다. 무엇을 먹을지, 무엇을 할지, 어떤 장비를 살지조차도 스스로 결정하지 못하고 누군가의 추천이나 리뷰에 의존하게 된 것이다.

이런 시대에 가장 먼저 주목받은 직업이 바로 유튜버와 블로거다. 사람들은 더 이상 원천 정보에 접근하려 하지 않는다. 대신 정보를 모아 잘 정리해 주는 사람들을 찾아간다. 그들이 만든 영상이나 글, 그리고 추천이 곧 나침반이 되어 버렸다. 나중엔 이 추천도 너무 많아져 알고리즘이라는 정교한 필터링 시스템까지 등장했고, 우리는 '알고리즘의 노예'가 되어 버렸다.

정보는 무한하다. 문제는 효율이다.

예를 들어 유튜버가 되고 싶다고 해 보자. 해야 할 일은 단순하다. 기획하고, 촬영하고, 편집해서 업로드하면 된다. 하지만 실제로는 시작조차 못 하는 사람이 대부분이다. 왜일까? 시작하기 전에 정보를 너무 많이 찾아보기 때문이다. 어떤 카메라가 좋은지, 마이크는 어떤 게 음질이 좋은지, 편집 프로그램은 뭘 써야 하는지부터 검색을 시작한다. 정보가 많을수록 더 혼란스럽고, 결국 그 혼란이 우리를 멈춰 세운다.

설령 장비와 세팅까지 마쳤다고 해도 문제는 끝나지 않는다. 이번엔 '어떻게 해야 조회수가 잘 나오는가'를 검색한다. 조회수가 안 나오는 이유, 하면 안 되는 콘텐츠 유형, 썸네일 색깔, 제목 키워드, 업로드 시간대까지 분석한다. 마치 실패하지 않기 위한 필승 전략을 찾아다니는 마라토너처럼 말이다.

그런데 생각해 보자. 실패 없는 성공이 존재하는가? 경험 없이 얻은 결과물이 의미 있는가? 절대 아니다. 오히려 실패 없이 단번에 성공한 사람들은 그 성공을 유지하지 못하는 경우가 많다. 왜냐면 과정이 없기 때문이다. 시행착오를 겪지 않은 성공은 언제든 무너질 수 있는 모래성과 같다.

실제로 내가 만난 한 후배는, 여행 유튜브를 하고 싶다고 했다. 그런데 그는 장비를 6개월 동안 알아보다 결국 시작조차 하지 못했다. 반면, 다른 친구는 아무 지식도 없이 스마트폰 하나로 그냥 여행을 기록하기 시작했다. 퀄리티는 부족했지만, 시간이 지날수록 점점 개선되었고, 결국 1년 만에 유튜브에서 월 100만 원 이상의 수익을 내는 채널을 운영하게 됐다.

우리는 너무 많은 정보에 질식하고 있다. 너무 많은 선택지 속에서 아무것도 고르지 못하고, 더 좋은 방법을 찾느라 아무것도 하지 못한다. 정보를 모으고 효율을 따지느라 시간을 낭비하고, 결국 그 자리에 머무른다. 이 상태에서 벗어나려면 어떻게 해야 할까?

충동적으로 살아야 한다.

생각이 떠올랐다면 그냥 해 보는 거다. 깊게 고민하지 말고 일단 움직여 보자. 책을 쓰고 싶다면 일단 한 줄이라도 써 보는 거다. 유튜버가 되고 싶다면 당장 휴대폰을 꺼내고 뭔가를 찍어 보자. 우연히 인스타에서 본 맛집이 궁금하다면, 계획 없이 가 보는 거다. 'Just do it'이라는 나이키의 슬로건처럼, 머뭇거리지 말고 움직이는 것. 그것이 이 시대의 해답이다.

실제로 요즘 각광받는 유튜버들을 보면 '충동의 미학'을 제대로 실천하고 있다. 계획된 대본 없이 그냥 여행을 떠나고, 목적 없이 길을 걷고, 무작정 카메라를 들고 사람들에게 말을 건다. 누군가는 위험하다, 비효율적이라 비난하지만, 그들만이 만들어 낼 수 있는 리얼리티가 있다. 그게 바로 공감이다.

충동은 무계획이 아니다. 충동은 순간의 열정을 잡아채는 힘이다. 실수할 수도 있고, 실패할 수도 있다. 그러나 그 안에서 겪는 생생한 경험, 살아있는 감정, 뜻밖의 발견은 절대 책상 앞에서 얻을 수 없다. 충동은 행동을 통해 나만의 데이터를 축적하는 과정이다. 정보의 과잉 속에서 내가 나를 정의할 수 있는 방법이다.

앞에서 이야기한 대수의 법칙처럼, 해 보지 않고 얻는 결과는 없다. 많이 던질수록 확률이 올라간다. 그렇기에 충동적인 행동이 쌓이고 반복되다 보면 어느 순간, 그게 루틴이 되고 내 것이 된다. 처음엔 실패하더라도 두 번째, 세 번째 시도에선 전혀 다른 결과가 나올 수 있다.

그러니 지금 이 순간, 떠오르는 어떤 생각이 있다면, 그걸 하자. 책을 쓰고 싶다면 구글 문서부터 열고, 여행을 가고 싶다면 비행기 티켓부터 검색해 보자. 정보에 발목 잡히기보다, 경험으로 나아가자. 정보는 참고일 뿐, 삶은 실행이다.

나는 돈이 없을수록 택시를 탄다

내가 교통에 대해 처음 배운 건 이랬다. "멀리 가려면 대중교통을 이용해라." 버스는 싸고, 지하철은 빠르며, 택시는 사치라는 교육. 우리는 어릴 때부터 효율적인 소비를 익히도록 자라 왔고, 그 효율의 이름으로 가장 먼저 배제되는 게 '택시'였다. 그렇게 배워 온 나는 성인이 되어서도 택시를 타는 것에 이상한 죄책감을 느꼈다. 버스 타면 2,800원이면 되는데, 택시는 28,000원이 든다. 똑같이 잠실에 가는데 말이다. 그런데 이 단순한 교통비 차이가 내 삶의 리듬과 감정, 태도에 어떤 영향을 주는지 생각해 본 적 있는가?

최근에서야 나는 이 생각이 잘못되었음을 깨달았다. 택시라는 수단은 단순히 돈을 더 주고 더 빠르게 가는 것 이상의 가치가 있었다. 하남에서 잠실까지, 대중교통을 타면 50분. 환승도 하고 걸어야 할 거리도 생긴다. 출발부터 도착까지, 생각보다 많은 에너지가 소모된다. 반면 택시를 타면 빠르면 20분 만에 도착한다. 그 차이가 단순히 시간뿐일까?

아니다. 나는 택시를 타면서 '결정'이 빨라지는 경험을 했다. 버스를 탈지, 전철을 탈지 고민하는 동안 우리는 행동을 미루게 된다. 대중교통은 '비용은 적지만 피로는 많고 시간은 더딘' 시스템이다. 반면 택시는 비용이 크지만, 그만큼 뇌를 덜 사용하게 해 준다. '그냥 가자'라는 단순한 결단, 그거 하나만으로도 우리는 생각보다 많은 부담에서 해방된다. 그게 반복되면 사고방식 자체가 바뀐다. '일단 해 보자'로 전환된다. 행동이 빠른 사람이 결국 더 많은 기회를 얻고, 더 빠른 수정으로 더 나은 결과를 만든다는 걸 알고 있다면, 택시는 그런 삶의 태도를 연습하는 가장 쉬운 방법이 된다.

또한 택시는 '나의 위치'를 바꾸는 아주 강력한 도구다. 내가 있는 곳에서 다른 곳으로 나를 옮기는 물리적인 수단. 하지만 동시에 그건 감정의 공간도 바꾸는 심리적 수단이다. 대중교통은 대부분 내가 이미 아는 길, 익숙한 장소, 반복되는 배경음 속에서 이동하게 된다. 익숙한 경로를 따라가다 보면 생각도 그 경로를 따라 흘러간다. 늘 같은 고민, 같은 감정, 같은 상념이 맴돈다. 하지만 택시는 다르다. 전혀 다른 루트를 타고 전혀 다른 풍경을 보여 준다. 차창 밖으로 보이는 세상이 달라지면 내 생각도 자연스럽게 변한다. 낯선 풍경 속에 있으면 나의 고민도 상대적으로 작아진다. 운이 막혔다고 느껴질 때, 택시 한 번 타는 것으로 기류가 바뀌는 듯한 느낌을 받을 수 있는 이유다.

우리 아버지가 딱 그랬다. 50년을 제주도에서만 살다가, 어느 날 결단을 내리고 육지로 나왔다. 가족과 떨어져 처음엔 고생도 많았다. 하지만 빠르게 행동하고 환경을 바꾸자 그에 따라 인생이 달라졌다. 예순이 넘은 나이에 중소기업의 대표가 되셨다. 무일푼에서 시작해 사업가가 되었고, 누구보다 자신감 있는 삶을 살게 됐다. 결국 삶을 바꾸는 건 '빠른 결정'과 '즉시 행동'이다. 그리고 그걸 실천하는 가장 작은 훈련이 택시를 타는 것이다.

또 하나. 택시는 나에게 '자기대우'다. 돈이 없을수록 우리는 스스로를 줄이고 낮춘다. "나는 이런 거 누릴 형편이 안돼." "지금은 아껴야 해."라고 말하며 자기를 억제한다. 하지만 그 억제가 반복되면 자존감이 떨어진다. 나조차도 나를 하찮게 보는 상황이 된다. 그러다 보면 새로운 기회를 만나도 움츠리게 되고, 돈을 벌어도 그 돈을 쓸 자신이 없어 아무것도 변하지 않는다.

택시를 타면서 나는 스스로에게 이렇게 말한다. "이 정도는 써도 돼." "나는 지금 나를 위해 이 돈을 쓰는 거야." 이게 쌓이면 마인드가 바뀐다. 자기대우를 할 줄 아는 사람이 진짜 자기 삶을 다룰 줄 아는 사람이다. 택시를 타며 '아깝다'는 생각 대신 '이 시간에 더 가치 있는 무언가를 할 수 있어'라는 생각이 들기 시작하면, 그 순간부터 이미 다른 차원의 삶을 살고 있는 거다.

시간의 질도 바뀐다. 나는 버스나 전철을 타면 쉽게 멀미를 한다. 음악을 듣는 것 외에는 아무것도 못 한다. 복잡하고 시끄러운 공간에서는 아이디어도 안 나오고, 집중도 되지 않는다. 하지만 택시는 조용하고, 내게 집중된 공간이다. 나는 그 안에서 책을 읽기도 하고, 간단한 회의 전화도 하고, 글을 쓰기도 한다. 창밖을 보며 멍 때리는 것도 때로는 가장 강력한 창작의 시간이 된다. 그 20분이, 내 하루의 방향을 결정지어 주는 시간으로 바뀌는 것이다.

무엇보다 택시는 '움직이게 만드는 힘'이다. 가난하거나 무기력할수록 우리는 멈춰 있는 걸 택한다. 나가지 않고, 움직이지 않고, 같은 곳에만 머물며 변화를 기대한다. 그건 말이 안 되는 구조다. 우리가 운이 좋았던 순간을 떠올려 보면, 거의 대부분은 '어디론가 나갔을 때'였다. 외출, 이동, 여행, 낯선 장소에서의 우연한 만남. 택시는 그 '움직임'으로의 초대다. 그저 어디든, 지금 이 자리에서 벗어나 새로운 방향으로 나아가라는 신호다.

물론 매일같이 택시를 탈 수는 없다. 돈이 빠듯한 사람에게는 하나하나의 지출이 부담이 된다. 하지만 그렇다고 해서 단 한 번의 자기대우마저 포기할 필요는 없다. 하루 중 가장 중요한 일정, 감정이 무너질 것 같은 날, 움직이고 싶은데 발이 안 떨어질 때, 그럴 때 한 번쯤은 택시를 타는 것이다. 그리고 그걸 통해 자신을 격려하고, 새로운 에너지를 얻고, 삶의 방향을 조정하는 거다.

만약 택시를 많이 타다 보니 카드 값이 쌓였다고? 그럼 더 열심히 일하면 된다. 빚을 갚아야 한다는 목적이 생기면 사람은 더 강해진다. 아무 목표도 없이, 아무 움직임도 없이 소비만 하고 있다면 그건 문제지만, 택시는 방향 있는 소비다. 그게 단순히 '지출'이 아니라 '선언'

이라는 걸 기억하자.

돈이 없을수록 움츠러들지 말고, 오히려 움직여야 한다. 아무것도 안 하고 '아껴야지' 하며 쪼그라드는 삶은 결국 더 많은 것을 잃는다. 반대로, 자신에게 택시를 허락하는 사람은 언젠가 자가용보다 더 큰 차를 타고 있을 것이다. 인생은 그렇게, 작은 자기대우에서 시작된다.

그러니 나는 오늘도 택시를 탄다. 돈이 없기 때문에, 그 흐름을 바꾸기 위해서. 오늘보다 더 나은 내일로 나아가기 위해, 나는 움직이는 것이다.

과거가 나를 만든 것이 아니다

　현재의 나는 과연 과거의 내가 만든 모습일까? 언뜻 보면 맞는 말 같기도 하다. 작년에 운동을 안 하고 많이 먹었으니 지금 살이 찐 건 당연해 보인다. 게으르게 살았으니 지금 가진 돈이 없다는 것도 어느 정도 타당하게 들린다. 하지만 이건 과연 전부 진실일까?

　많은 사람들이 말한다. 과거를 보고 배우고, 미래를 목표로 삼으라고. 그런데 과거란 건 과연 그렇게 믿을 만한 기준일까? 우리는 자주 잊는다. 과거는 결코 반복되지 않는다는 사실을. 그때의 감정, 상황, 운의 흐름, 심지어 미세한 공기의 질감까지도 똑같이 재현되는 순간은 없다. 비슷해 보일 뿐, 절대 같지 않다. 그렇기에 과거를 맹신하는 것은 마치 지도 없이 길을 찾는 것과 같다.

　과거는 지나갔다. 영향은 남겼을지언정, 그것을 계속 들고 다닌다면 그건 '기억'이 아니라 '짐'이다. 과거를 계속 안고 살다 보면, 우리는 어느새 쓰레기통처럼 불필요한 것들로 가득 찬 상태가 되어 버린다. 과거가 나를 만들었다는 믿음은, 현재의 선택을 방해하고, 미래의 가능성을 제한하는 가장 은밀한 덫이다.

한번은 이런 일이 있었다. 일본 여행을 처음 갔을 때, 데이터를 쓰기 위해 eSIM을 신청했지만 현지에서 작동하지 않았다. 공항에서 몇 번을 시도했지만 연결되지 않았고, 결국 세 배나 비싼 정식 로밍 서비스를 썼다. 그리고 몇 개월 뒤, 또다시 일본에 갈 일이 생겼다. 나는 그때의 실패한 기억에 사로잡혀 망설임 없이 로밍을 선택했다. '예전에 안 됐으니까'라는 생각 때문이었다. 하지만 나중에야 알았다. 그때는 단지 타이밍이 안 맞았을 뿐, eSIM 자체가 나쁜 선택은 아니었던 것이다.

세 번째 일본 여행 때, 나는 다르게 행동했다. 과거의 기억을 무시하고 다시 eSIM을 시도했다. 이번엔 어떠했을까? 도착하자마자 5G가 개통되며 문제없이 데이터가 연결됐다. 과거의 선택이 틀렸던 것이 아니라, 당시의 조건이 달랐던 것이다. 나는 그때 비로소 깨달았다. 과거의 경험에 얽매이면, 현재의 선택이 왜곡된다는 것을.

우리는 흔히 실수를 반복하지 않기 위해 과거를 돌아본다. 그러나 그건 진짜 실수를 막는 것이 아니라, 변화할 기회를 막는 것일 수 있다. 과거의 익숙함에 기대 현재를 결정한다면, 결국 새로운 가능성을 스스로 차단하게 된다. 익숙한 고통은 낯선 행복보다 안전하게 느껴질 수 있지만, 그 익숙함은 우리를 갉아먹는 독이 될 수 있다.

과거에서 신념을 만들고, 그 신념이 행동을 제약하게 되면, 우리는 더 이상 자유로운 인간이 아니다. '나는 원래 이런 사람이야' '그땐 안 됐으니까 이번에도 안 될 거야' 같은 자기 한정적 사고는 새로운 기회를 차단하는 벽이 된다. 그렇기에 "과거가 나를 만들었다"는 말은 단순한 미신에 가깝다. 진짜 중요한 건 지금 무엇을 선택하느냐다.

미래가 어떤 모습으로 오든 간에, 우리는 받아들여야 한다. 회색이든, 핑크빛이든 미래는 온다. 과거는 지나가고, 미래는 도달할 뿐이다. 우리는 과거나 미래가 아닌 지금을 살아야 한다. 지금 이 순간의 선택이 나를 만들고, 그 선택의 반복이 내가 될 것이다.

이건 단지 사고방식에만 해당되는 얘기가 아니다. 우리가 쓰는 물건, 만나는 사람, 결정하는 방식 전부에 적용된다. 영화 〈아이언맨〉에서 토니 스타크가 물건을 정리할 때 이런 장면이 있다. 비서가 중요한 물건을 들고 "이것도 버릴까요?"라고 묻자, 토니는 이렇게 말한다. "난 과거에 미련 없는 거 알잖아." 간단한 대사지만, 그가 왜 부자인지, 왜 천재 기업가인지 알 수 있는 말이었다.

토니 스타크처럼 멋있게 사는 법은 단순하다. 미련 없이 살아가는 것. 과거는 버릴수록 과거다. 그것을 다시 주워 들고 후회하고 망설이는 순간, 우리는 가장 불행한 상태가 된다. 후회 속에 사는 삶은 결코 앞으로 나아갈 수 없다. '쿨하다'는 말은 단지 인간관계에만 필요한 게 아니다. 자기 삶에도 뒤끝 없이, 깔끔하게 행동할 줄 아는 자세가 필요하다.

나는 꽤 오랜 시간, 과거 속에서 살았다. 매일 머릿속에서 같은 영화를 틀어 놓는 느낌이었다. 결말을 이미 알고 있는 그 영화를 반복해서 보며, 다른 결말이 나올까 기대했다. 그러나 달라질 리가 없었다. 새로운 이야기를 쓰고 싶다면, 기존 필름을 끊어야 한다. 그리고 새로운 영화를 켜야 한다.

중요한 건 결말이 나오는 게 아니다. 때론 그 영화가 어중간하게 끝나더라도, 중간에 끊어 버릴 수 있는 용기가 필요하다. '지금부터는 다른 이야기로 간다'는 선언이 우리 인생을 바꾼다. 미련은 우리를 파먹는 괴물이라는 것을 인식하고, 쿨하게, 담백하게 살아가자. 그게 진짜로 자유로운 삶이다.

나는 이제 과거에서 뭘 얻으려 하지 않는다. 가끔 떠오르는 추억은 그냥 미소 지으며 넘긴다. 예전 친구, 지나간 연인, 부모님과의 기억, 그런 것들은 떠올릴 뿐 붙잡지 않는다. 중요한 건 현재 내 선택에만 집중하는 것이다.

현실을 바꾸고, 더 나은 삶을 살기 위해 우리가 해야 할 일은 단 하나다. 선택하고, 수정하기. 이것뿐이다. 정답은 없다. 다만 그 순간의 나에게 최선의 선택을 하고, 틀리면 고치면 된다. 그러면 그 선택이 모여 결국 내가 된다.

과거는 교과서가 아니라, 폐지 수거함이다. 너무 오래 들고 다니지 말자. 지금 이 순간을 살아가자. 지금이 내 인생의 정답이고, 지금의 선택이 곧 나를 만든다.

빨리 포기하는 사람이 성장한다

 포기는 왜 나쁘다는 프레임이 씌어졌을까? 포기가 바르면 나쁜 거라는 인식은 도대체 누가 만든 것일까? 우리는 어릴 적부터 무언가를 끝까지 해야 한다는 교육을 받았다. "포기하면 루저야" "끈기 있는 사람이 성공한다"는 말들은 마치 진리처럼 받아들여져 왔다. 그런데 과연 그게 진짜일까? 나는 살아오며 수없이 많은 걸 포기해 봤다. 그 어떤 사람보다도 많이.

 예를 들면 이렇다. 잠깐 다녔던 맥도날드 아르바이트는 반복적으로 햄버거만 만드는 게 도무지 나랑 맞지 않아서 점장님께 말하고 그만뒀다. 가수가 되고 싶어 오디션을 보러 다녔지만, 학원은 실력보다 학원비만 밝히는 분위기였고, 그 모습을 보며 '내 미래도 저럴 수 있겠구나' 싶은 마음에 과감히 접었다. 연예인 매니저로 사회생활을 시작했지만, 정작 나는 연예인이 되고 싶은 거지 매니저가 되고 싶은 게 아니라는 생각이 점점 강해졌고, 결국 그 일도 빠르게 그만뒀다.

이쯤 되면 나란 사람은 '포기의 아이콘'처럼 보일지도 모르겠다. 하지만 지금 나는 어떻게 살고 있을까? 실패한 인생일까? 아니면 무책임하게 이것저것 다 때려친 한심한 사람일까? 전혀 아니다. 나는 지금 책을 쓰고 있고, 나만의 콘텐츠를 만들며, 나만의 속도로 삶을 살고 있다. 누가 봐도 실패라고 부르기엔 당당하고, 또 나 스스로에게도 떳떳한 삶이다.

우리는 종종 '포기했다=실패했다'는 공식에 갇혀 있다. 하지만 이 프레임은 누군가가 만든 관념일 뿐이다. 사회의 틀일 뿐이지 절대 진리는 아니다. 포기는 어떤 일을 내려놓는 것이기도 하지만, 동시에 '더 나은 방향으로의 전환'이기도 하다. 그냥 안 맞으면 안 하는 것, 맞으면 계속하는 것, 그 단순한 선택을 할 수 있는 용기가 바로 진짜 자기 삶을 사는 것이다.

포기를 나쁘게만 여기는 사람일수록 '포기하면 나는 나약한 사람'이라는 자아상을 가지고 있는 경우가 많다. 그래서 끝까지 버티고, 절대 포기하지 않으려 애쓴다. 이런 사람에게는 두 가지 길이 있다. 하나는 정말 끝까지 밀어붙여 완주하는 길이다. 이 경우 일단은 뿌듯함이 있겠지만, 문제는 그 이후다. 또 다른 목표를 향해 억지로 살아야 하고, 계속해서 도전하고, 계속해서 이겨 내야만 자신을 증명할 수 있다. 끊임없는 전쟁 같은 삶이 이어진다.

또 다른 하나는 버티다 버티다 결국 부러지는 것이다. 결국엔 포기하게 되고, 오히려 더 깊은 자책과 자괴감에 빠진다. '나는 왜 끝까지 못했을까' '왜 이렇게 의지가 약할까'라는 생각에 시달리며 자신을 깎아 먹는다. 그렇게 포기를 죄처럼 여기는 사람일수록 오히려 더 깊이 무너진다.

나는 그런 경험을 수도 없이 겪으며 배웠다. 빠르게 포기하는 것이 오히려 나를 살린다는 걸. 한번은 목욕탕에서 친구가 담배를 권했다. 호기심에 한 모금 빨아 봤는데, 목이 타들어 가는 느낌이 들 정도로 고통스러웠다. 바로 그 순간, 나는 마음속으로 결심했다. '이건 내 인생에 없겠다' 하고. 그게 내가 담배를 단 한 번도 피우지 않게 된 계기였다. 친구는 "계속 빨다 보면 익숙해져."라며 권했지만, 그 말대로 했다면 나는 지금쯤 습관처럼 담배를 피우는 골초가 되어 있었을지도 모른다. 그때의 빠른 포기가 내 인생 전체를 바꿨다.

이처럼 빠른 포기는 내 선택지의 폭을 넓혀 준다. 사람들이 착각하는 게 있다. 뭔가 하나를 포기하면 선택지가 줄어든다고 생각한다. 하지만 실제로는 그 반대다. 빠르게 포기하면 더 많은 길이 열린다. 연예인이 안 되면 유튜버도 될 수 있고, 작가도 될 수 있고, 강연자도 될 수 있다. 그런데 "나는 연예인만 돼야 해."라고 포기를 못 하면, 그 목표에 실패했을 때 다른 길은 눈에 들어오지 않는다. 실패가 아니라 집착이 문제인 거다.

경제학에 '기회비용'이라는 개념이 있다. 어떤 선택을 했을 때 포기해야 하는 다른 선택지들의 가치다. 포기를 못하면 기회비용이 계속 커진다. 내가 지금 잘 안 되는 길에 매달리면서도 계속 아깝다고 버티면, 다른 잘될 수 있는 기회를 놓치게 된다. 주식과 똑같다. 손절을 제때 못 하면 결국 폭락장에서 계좌가 박살 나는 거다. 인생도 마찬가지다. 손절은 배신이 아니라 전략이다.

또한 빠른 포기의 좋은 점은 '기대치'를 낮춰 준다는 것이다. 기대가 낮으면 실망도 줄어든다. 사람은 기대치가 높을수록 쉽게 상처받고 좌절한다. 그런데 포기를 빠르게 하면, 애초에 그 일에 너무 많은 의미를 부여하지 않게 된다. 그러다 보니 결과가 좋든 나쁘든 감정적으로 휘둘리지 않는다. 이건 멘탈 관리에도 굉장히 유리하다.

정신건강이라는 관점에서도 빠른 포기는 필요하다. 사람의 멘탈은 생각보다 쉽게 무너진다. 주변 반응, 실패 경험, 자기비난 같은 것들이 쌓이다 보면, 그 무게는 결국 마음을 짓누르게 된다. 빠르게 포기하고 방향을 바꾸는 사람은 그런 부담에서 자유롭다. 계속 억지로 가는 것보다, "아냐, 이건 내 길이 아니야." 하고 접고 다른 길을 선택하는 게 훨씬 건강하다.

결국 우리는 하나의 길만을 가야 하는 존재가 아니다. 수많은 갈래 길이 존재하고, 수많은 삶의 방식이 존재한다. 포기를 잘하는 사람은 그걸 안다. 그래서 하나에 목매지 않는다. 반면 포기를 못하는 사람은 세상에 단 하나의 길만 있다고 착각한다. 하지만 그건 틀렸다. 이 세상은 생각보다 훨씬 다양하고, 유연하며, 열려 있다.

그러니 이제는 포기라는 단어에 죄책감을 가질 필요가 없다. 때론 빠르게 포기하는 것이야말로 가장 용기 있는 선택이다. 포기라는 게 끝이 아니라, 새로운 시작일 수 있다. 문 하나를 닫아야 다음 문이 열린다. 더는 '포기하지 말자'는 말에만 목숨 걸지 말자. 그보다 더 중요한 말은 이것이다.

"맞지 않으면, 빠르게 포기해도 된다."

그게 성장의 출발점이다.

우리도 태어난 김에 살아 보자

나는 기안84의 별명인 '태어난 김에 사는 남자'를 참 좋아한다. 어쩌면 이보다 더 담백하고 자유로운 삶의 태도는 없을 것이다. 그는 계획도, 의지도, 야망도 없는 듯 보인다. 그런데 어느 날 보니 그는 웹툰계의 거장이 되어 있었고, 방송에서도 특유의 허허실실한 매력으로 주목받는 인물이 되어 있었다. 마치 의도하지 않아도 자기 자리에 도달한 듯한 그 모습이, 너무도 자연스럽고 인간적이다.

우리가 그를 보며 웃고, 응원하고, 부러워하는 이유는 무엇일까? 단순히 재미있어서일까? 아니다. 그가 우리에게 보여 주는 '자기만의 방식'은 우리 안의 억눌린 자유를 건드린다. 우리는 대부분 하루하루를 계획하며 산다. 해야 할 일들을 정해 놓고, 그 일들을 해내지 않으면 불안해하고 자책한다. 그 틀에서 벗어나고 싶지만 벗어날 수 없다고 느낄 때, 기안84 같은 인물을 보며 대리만족을 느끼는 것이다.

사회에 처음 나왔을 때부터 나는 이상한 점을 하나 발견했다. 사람들에게는 '인생의 주기'라는 게 정해져 있다는 것이었다. 스무 살에 대학에 입학하고, 군대를 다녀와 20대 중후반에 취업하고, 서른 즈음엔 결혼을 하고, 마흔이 되면 아이가 초등학교에 들어가고… 마치 로드맵처럼 짜인 그 삶의 공식. 처음 들었을 때는 '왜 이게 당연하다는 듯이 받아들여지는 거지?'라는 생각이 들었다.

그런 일정표가 실제로 많은 사람들에게 적용될 수 있을까? 자라는 환경도, 성격도, 재능도, 기회도 전혀 다른데, 어떻게 모든 인생을 똑같은 규칙 안에 넣을 수 있단 말인가. 그리고 그런 규칙을 기준으로 삼다 보면, 그 시기에 맞지 않게 조금 늦게 시작한 사람은 실패한 것처럼 보이기 십상이다. 그렇게 사람들은 스스로를 자책하고, 끊임없이 비교하며, 결국 자신이 아닌 '누군가의 기대'에 맞춰 살아가게 된다.

사람이 정말 그렇게 계획대로만 살아가는 존재라면, 우리는 모두 태어날 때부터 인생 계획서를 들고 나왔어야 한다. 하지만 그런 사람은 아무도 없다. 아기 때부터 우리는 흘러가는 대로 살았다. 몇 살에 걷겠다는 계획도 없었고, 어떤 장난감을 통해 어떤 능력을 키우겠다는 설계도 없었다. 그저 흥미가 이끄는 대로 움직였고, 몸이 허락하는 대로 배웠다. 그것이 진짜 인간의 자연스러운 삶이었다.

인간은 생물이다. 생물은 유기체고, 유기체는 끊임없이 상호작용하면서 변화하고 진화한다. 그러니 '인간답게 산다'는 것은 곧 흐름에 순응하고, 자연스러운 리듬에 따라 살아가는 것이다. 억지로 무언가를 이루기 위해 자신을 조이기보다, 그 순간순간의 감각과 흐름을 읽으며 유연하게 반응하는 삶이 더 인간적일지도 모른다.

나 역시 그런 삶을 조금씩 실천해 보고 있다. 얼마 전 떠난 여행에서는 일부러 계획을 최소화했다. 늘 캐리어에 짐을 가득 싣고 떠나던 여행과 달리, 이번에는 백팩 하나만 들고 나섰다. 옷 한 벌, 카메라, 그리고 휴대폰 하나. 칫솔을 챙기지 않아 당황했지만 호텔에 준비되어 있었고, 현금을 준비하지 않았지만 삼성페이로 대부분의 결제가 가능했다. 그렇게 준비되지 않은 여정 속에서 나는 '문제가 생기면 해결하면 된다'는 단순한 진리를 다시 떠올렸다.

우리는 늘 '계획이 없으면 불안하다'고 배워 왔다. 하지만 인생이라는 것은 애초에 계획대로 되지 않는 경우가 훨씬 많다. 예상치 못한 상황이 닥쳤을 때 당황하지 않고, 그 흐름 속에서 유연하게 방향을 틀 수 있는 사람이 진짜 강한 사람 아닐까? 기안84처럼 생각 없이 사는 것처럼 보여도 실은 자기만의 원칙을 가지고 사는 사람 말이다.

그는 아무렇게나 살아온 게 아니다. 자신에게 맞는 방식으로, 자신만의 감각으로 세상과 조화롭게 살아왔기에 지금의 자리에 오른 것이다. 웹툰 작가로서의 커리어도, 방송인으로서의 위치도 모두 흘러가는 대로 산 결과가 아니라, 흘러가는 흐름 속에서 필요한 지점을 정확히 짚어 낸 결과다.

결국 중요한 건 계획이 아니다. 나다운 방식으로, 나에게 맞는 속도로 살아가는 것이다. 때로는 뒤로 물러날 줄도 알고, 때로는 앞장

설 줄도 알며, 억지로 모든 걸 끌고 가지 않더라도 충분히 삶은 흘러간다. 더 나아가려면 무조건 앞으로 나아가기보다 잠시 머물러야 할 때도 있는 법이다.

스트레스를 최소화하고, 불안을 줄이는 삶이 결국 가장 지속 가능한 삶이다. 흘러가는 대로 산다는 건 무책임하게 사는 게 아니라, 무리하지 않고, 억지 쓰지 않고, 스스로의 호흡을 존중하며 사는 것이다.

나는 사주를 보는 편인데, 그 이유도 같다. 사주팔자는 단순히 운세를 보는 게 아니라, 내 삶의 기질과 흐름을 이해하고, 어떤 방향이 나에게 잘 맞는지를 알려 주는 일종의 나침반이다. 나는 내 사주에 따라 살면 인생이 편안하다고 믿는다. 내 안의 리듬, 내 운의 흐름을 읽고 따르다 보면, 자연히 일이 풀리는 경험을 자주 한다.

우리는 바람을 만들 수는 없지만, 돛은 펼칠 수 있다. 역풍이 불면 잠시 기다리고, 순풍이 불면 그 바람을 타고 나아가면 된다. 굳이 인생을 억지로 조율하지 않아도, 스스로를 믿고 흘러가다 보면 결국 내가 가야 할 자리에 도달하게 된다.

그러니 너무 애쓰지 않아도 괜찮다. 흘러가는 대로, 숨 쉬는 대로, 느끼는 대로. 그렇게 살아도 우리는 충분히 의미 있고 멋진 삶을 살아갈 수 있다. 태어난 김에 사는 것처럼, 사는 김에 나답게 살아 보자. 그게 진짜 자유고, 그 자유가 진짜 인생이다.

내뱉은 말을 꼭 지키지 않아도 된다

"남아일언중천금." 어릴 적부터 자주 들었던 말이다. 남자가 한 말은 천금처럼 무겁다는 뜻이다. 남자는 한 번 입 밖으로 낸 말은 끝까지 책임져야 한다는 강박 같은 문화 속에서 자라 왔다. 남자는 울지 말아야 하고, 남자는 변명하지 말아야 하고, 남자는 무엇이든 묵묵히 감당해야 한다는, 지금 보면 참 부당한 말들이 버젓이 진리처럼 여겨지던 시절이었다. 특히 80년대생 남자들, 우리 세대는 그 '남자다움'이라는 허상을 지키기 위해 너무 많은 말과 감정을 삼키고, 또 억지로 지켜야 할 약속들 속에 묶여 살아왔다.

나는 한동안 '내가 뱉은 말은 무조건 지켜야 한다'는 생각에 사로잡혀 살았다. 심지어 술자리에서 무심코 한 말도 꼭 실천해야만 한다고 믿었다. 한번은 친한 동생에게 술김에 "다음에 만나면 신발 하나 사줄게."라고 했고, 그 말이 기억에 남아 결국 며칠 뒤 진짜 신발을 사줬다. 당시 나는 돈도 없었고 상황도 여유롭지 않았지만, 그 말 하나를 지키지 않으면 나 자신이 무너질 것 같았다. 그런데 지금은 그 동생이 어떻게 살고 있는지도 모른다. 내 약속을 지켰다는 건 내 자존심을 위한 것이었지, 실은 상대에게 크게 의미 있는 행동도 아니었다. 결국 내뱉은 말을 지킨다고 해서 관계가 깊어지는 것도 아니고, 호감이나 신뢰가 쌓이는 것도 아니다. 인연이라는 건 그런 말보다 훨씬 더 복잡하고 예측 불가능한 흐름으로 흘러간다.

물론 말은 조심해야 한다. 말 한마디로 사람의 인생이 바뀌기도 하니까. 하지만 그렇다고 해서 무조건 모든 말을 행동으로 옮겨야 하는 건 아니다. 특히나 감정에 휘말려 나오는 말이나, 당시엔 진심 같았지만 시간이 지나면서 마음이 바뀐 말들도 있다. 그럴 땐 굳이 지키려 애쓰기보다 "그땐 몰랐어요, 실수였어요."라고 말하는 편이 더 용기 있는 태도라고 생각한다. 말을 무조건 지켜야 한다는 강박은 때로는 신뢰보다 오히려 허세로 보일 수 있다. 억지로 지키는 약속은 본인도 지치고, 상대도 감동하지 않는다.

나 역시 책을 쓰고 콘텐츠를 만드는 사람으로서, 예전에 했던 말이나 썼던 글을 모두 기억하지도 않고, 그대로 살지도 않는다. 글은 당시 내가 느낀 것의 기록일 뿐이고, 사람은 변하는 존재다. 오늘의 나는 어제의 나와 다르고, 내일은 또 다를 수 있다. 중요한 건 그 변화의 흐름 안에서 중심을 잃지 않는 것이지, 과거의 말에 매여 사는 게 아니다. 예전에 내가 했던 말이 지금의 나에게 맞지 않다고 느껴지면, 얼마든지 고치고 바꿔도 된다. 그게 진짜 성장이고, 진짜 용기다.

우리 인간은 하루에 오만 가지 생각을 한다고 한다. 그중에서 얼마나 많은 말을 내뱉을까? 그리고 그 수많은 말들을 과연 몇 퍼센트나 행동으로 옮길 수 있을까? 작심삼일, 다이어트는 내일부터 같은 말들이 괜히 생겨난 게 아니다. 그만큼 인간은 본래 말과 행동 사이의 간극을 안고 살아가는 존재다. 그러니 그 간극을 죄책감으로 가득 채울 필요는 없다. 말은 때로는 그저 감정의 배출이고, 순간의 표현일 뿐이다. 굳이 모든 말이 약속일 필요는 없다.

나는 요즘 허언을 가볍게 인정한다. 그때는 그랬지만 지금은 아니에요, 그렇게 말할 수 있는 내가 더 건강하다고 느낀다. 누군가가 내 콘텐츠에 "말 바뀌셨네요."라고 악플을 달아도, 쿨하게 "맞아요, 그땐 몰랐어요."라고 인정한다. 그렇게 인정하는 순간, 나도 가벼워지고 타인에 대한 시선도 너그러워진다. 남들이 "사업할 거예요, 유튜브 시작할 거예요."라고 했을 때 그 말이 지켜지지 않더라도, 나는 더 이상 비난하거나 조롱하지 않는다. 아, 그냥 그런 말도 할 수 있는 거지. 그렇게 받아들인다. 나에게 관대해지면 남에게도 관대해질 수 있다.

그러니 '남아일언중천금' 같은 옛말에 너무 끌려다니지 말자. 말은 언제든 바뀔 수 있고, 마음도 얼마든지 변할 수 있다. 우리를 좋아할 사람은 결국 있는 그대로의 우리를 좋아할 것이고, 우리를 싫어할 사람은 아무리 약속을 잘 지켜도 싫어할 것이다. 그러니 말보다 중요한 건 말 뒤에 숨은 진심과 변화에 유연하게 반응하는 태도다. 말은 지켜야 할 때도 있지만, 때로는 지키지 않는 쪽이 훨씬 더 용기 있고 인간적일 수 있다.

　말은 늘 지켜야 한다는 부담에서 벗어날수록 우리는 더 자유로워진다. 변화한 자신을 솔직히 인정할 수 있을 때, 때론 자신의 말이 틀렸다는 용기가 더 큰 신뢰를 가져다줄 테니.

의지가 약한 게 아니라, 환경이 강한 거다

우리는 나약하다. 아주 나약하다. 이 사실을 인정해야만 앞으로 나아갈 수 있다. 많은 자기계발서나 동기부여 영상은 "의지만 있으면 무엇이든 극복할 수 있다"고 말한다. 이를 악물고 어떤 환경이든 이겨 내야 한다는 식이다. 하지만 나는 그 관점이 오히려 사람을 더 무력하게 만든다고 생각한다. 좌절감은 대부분 '왜 나는 안 되지?'라는 비교에서 오고, 그 비교는 '나는 강하니까 할 수 있어야 해'라는 착각에서 시작된다.

아침에 일어나지 못하는 사람이 어느 날 다짐한다. "내일부터 아침 6시에 일어나 헬스장에 가고 출근 전에 운동을 마칠 거야. 그 정도는 할 수 있어. 왜냐하면 나는 강하니까." 이런 다짐이 얼마나 갈까? 솔직히 말해서, 3일도 안 간다. 작심삼일은 고사하고, 첫날 운동으로 인한 근육통과 피로감이 몰려오면 '내일은 좀 쉬자' 하고 자연스럽게 합리화하게 된다.

이건 단지 운동에만 해당하는 얘기가 아니다. 모든 의지력에는 에너지의 제한이 있다. 그리고 그 에너지는 저항이 큰 일을 할수록 빠르게 고갈된다. 아침 6시에 운동하는 일은, 그 자체로 저항감이 엄청난 행위다. 물론 그게 이미 습관이 된 사람에게는 별일 아니겠지만, 아침잠이 많고 평소 운동을 하지 않는 사람에게는 자기를 스스로 부러뜨리는 일이나 다름없다.

그런데 우리는 자신의 의지력을 너무 과신한다. '할 수 있다'는 자기암시를 계속 외우며 버틴다. 하지만 실제로 무언가를 해내는 사람들은 '할 수 있다'는 주문조차 외우지 않는다. 이미 자기 안에 그것이 내재되어 있기 때문이다. 원빈이 거울 앞에서 "나는 매력적인 사람이야."라고 되뇌겠는가? 아니다. 오히려 결핍된 사람이 그 결핍을 채우고자 주문을 외우는 것이다.

결국 우리 사회는 하나의 집단최면에 걸려 있다. '믿으면 된다' '할 수 있다'는 믿음이 모든 것을 가능하게 한다는 환상. 물론 그 믿음이 어느 정도 도움이 되는 건 사실이지만, 그것만으로는 모든 것을 이룰 수 없다. 그래서 우리는 중도의 길을 걸어야 한다. 할 수 있다고 믿어서 다 되는 거라면 왜 모두가 대통령이 아니고, 왜 모두가 억만장자가 아니겠는가?

우리를 만드는 건 결국 '환경'이다. 환경이 사람을 만들고, 환경이 생각을 바꾼다. 나는 이사를 스무 번 넘게 해 봤다. 그 과정에서 배운 건, 내가 살아야 할 환경은 따로 있다는 것. 공원이 가까워야 하고, 소음이 적어야 하며, 건물 사이사이가 넓어 탁 트인 공간에서 살아야 한다. 그래서 찾은 곳이 지금 내가 사는 하남 미사신도시다. 그것도 중심이 아니라 외곽 빌라촌이다. 이곳의 조용함과 안정감은 내가 글을 쓰는 데 집중하게 만들었다.

어쩌면 이 글이 당신에게 닿게 된 것도, 내가 이 환경에서 살고 있기 때문일지도 모른다. 환경이 만든 결과다.

자, 이제 세계적인 부자들의 사례를 보자. 빌 게이츠는 시애틀의 저명한 변호사이자 지역사회 리더였던 부모 아래에서 자랐다. 워런 버핏은 여섯 살에 껌을 팔기 시작했고, 그의 아버지는 주식중개인이자 미국 하원의원이었다. 일론 머스크의 아버지는 다양한 사업을 해 온 기술자였다. 이들은 모두 '그럴 수 있는 환경'에 있었다.

이들이 만약 한국에서 태어나, 시골의 가난한 집안에서 꿈도 꾸기 어려운 환경에서 자랐다면 지금처럼 될 수 있었을까? 정말로 천재라면 가능했을지도 모른다. 하지만 현실은 다르다. 우리는 환경과 상호작용하며 살아간다. 그리고 대부분은 환경의 영향을 벗어나기 힘들다.

그런데도 우리는 남탓, 환경 탓을 하지 말라고 배운다. 그건 무책임한 자기학대다. 모든 걸 내 탓으로 돌리는 건 자신을 더욱 괴롭히는 일이다. 물론 내 선택이 원인이 될 수 있지만, 그 선택조차 환경이 만들었을 확률이 높다. 좋은 환경이었다면, 그 선택 자체를 하지 않았을 수도 있다.

나는 어릴 적, 모기향을 꽂는 뾰족한 침을 바닥에 두고 장난치다가 그것을 모르고 밟아 깊숙이 박힌 적이 있다. 그 경험 이후로 나는 어떤 작업을 하기 전, 주변을 정리하는 습관이 생겼다. 위험 요소를 제거하는 환경 설정이 나를 지킨다. '환경 설정'이라는 말이 괜히 생긴 게 아니다. 환경이 일을 좌우한다.

맹모삼천지교가 괜히 나온 말이 아니다. 자식을 공부시키고 싶다면 공부할 수밖에 없는 환경으로 이사 가야 한다. 공부하는 친구들과 어울리게 만들면 자연스레 그런 사람이 되는 것이다.

더 나은 사람이 되고 싶다고? 그렇다면 지금 당장 환경을 바꿔야 한다. 소음이 심하고, 불안한 동네에서 벗어나야 한다. 지금 당장은 이사가 어렵다면, 방을 바꾸고, 가구를 재배치하고, 쓰지 않는 앱을 삭제하는 것도 환경 설정이다. 카페가 복잡하다면 집에서 글을 쓰는 법을, 집이 어수선하다면 도서관을 이용하는 법을 익혀야 한다.

내가 어떤 환경에 자신을 방치하느냐에 따라 내가 누구인지가 결정된다. 의지가 아니라 환경이 바꾼다. 정말이다.

상식을 다 알 필요는 없다,
부끄러우면 자연스럽게 배우게 된다

　몰상식한 건 무조건 나쁜 걸까? 우리는 종종 '상식이 없는 사람'이라는 말을 듣거나 하게 된다. 그런데 상식이라는 말 자체가 이젠 너무 추상적인 개념이 되어 버렸다. 도대체 어디까지가 상식이고, 나는 어떤 상식을 알고 있어야 하는 걸까? 이제는 상식이라는 단어 자체가 일반화되지 못하는 시대가 되었다. 상식이라 함은 일반적으로 사람들이 알고 있어야 하는 기본적인 지식이라는 뜻이지만, 지금은 굳이 그걸 몰라도 살아가는 데 아무 문제가 없는 시대다.

　물론, 기본적인 매너나 타인을 배려하는 에티켓에 관한 감각은 필수다. 하지만 우리가 말하는 '상식'은 시대에 따라, 지역에 따라, 그리고 환경에 따라 다르게 정의된다. 나는 서울에서 자랐지만, 시골 출신 친구에게 내가 당연하다고 여긴 것들이 전혀 상식이 아닐 수 있고, 외국에서 온 누군가에겐 전혀 생소한 개념일 수도 있다. 부모님의 교육

방식, 학창 시절의 경험, 인터넷 사용 빈도에 따라 다르게 형성된 '상식'은 더 이상 모든 사람에게 동일할 수 없다.

그렇다면 이 시대에서 상식이란 어떻게 배워야 할까? 바로 '검색'이다. 예전엔 구글이 모든 걸 알려 준다고 했지만, 이제는 챗GPT와 같은 AI가 궁금한 것을 더 쉽고 빠르게 알려 준다. 지금의 우리는 책을 외우는 것보다 '모를 땐 바로 물어볼 수 있는 능력'이 더 중요하다. 그러니까 굳이 '성인이라면 알아야 할 100가지 상식' 따위를 외울 필요가 없다. 그걸 다 외운다고 해서, 그 정보가 내 삶의 질을 획기적으로 높여 줄 리도 없다. 오히려 정보가 넘쳐 나는 지금 같은 시대에 외우는 건 낭비에 가깝다. 중요한 건 필요한 순간에 꺼낼 수 있도록 '부끄러움'에 열려 있는 자세다.

나는 일본 여행을 갔을 때 몇 가지 강렬한 부끄러움을 경험했다. 한국에서는 장난스럽게 "아리가또."라는 말을 많이 쓰곤 했는데, 그 기억만 믿고 일본에 가서 종업원에게 "아리가또."라고 말했다. 그런데 그 사람의 표정이 굳는 게 보였다. 알고 보니 아리가또는 친구나 친한 사이에서 쓰는 말이고, 손님이 점원에게 쓸 땐 "아리가또 고자이마스."라고 해야 하는 존댓말이었던 것이다. 그때 느낀 미묘한 눈빛, 그걸 나는 잊지 못한다. 부끄러웠고, 그래서 그 이후로는 "스미마센." "아리가또 고자이마스."를 정말 정확하게 외워서 쓴다.

또 하나는 영어였다. 예전에 나는 영어가 익숙지 않아서 그냥 "I want some water." 같은 문장을 썼다. 그런데 호텔에서 그렇게 말하자 직원의 표정이 좋지 않았다. 함께 있던 여자친구가 "그건 너무 명령조야. 대신 'Can I have some water'라고 말해야 해."라고 알려 줬다. 같은 말인데 상대방의 기분은 전혀 달라질 수 있다는 걸 그때 처음 느꼈다. 강압적인 말투와 공손한 말투의 차이는 단지 어법 문제가 아니라, 상대를 존중하는 마음의 표현이었던 것이다.

이렇게 보면, 우리는 몰상식하더라도 '부끄러움'을 통해 배워 나간다. 부끄러움은 아주 일시적인 감정이지만, 동시에 가장 강력한 학습 트리거이기도 하다. 뇌는 부끄러웠던 순간을 강하게 기억한다. 그래서 사람은 창피한 경험을 통해 더 빨리 성장할 수 있다. 문제는 그 부끄러움을 받아들이지 않고 숨기거나 회피하면 아무것도 배울 수 없다는 점이다.

부끄러움을 느끼는 건 잘못이 아니다. 중요한 건 그걸 기반으로 '다음에는 어떻게 해야 하지?'를 생각하는 능력이다. 그런 점에서 몰상식한 상태는 오히려 출발점일 수 있다. 지금은 잘 모를 수도 있지만, 그 부끄러움을 통해 진짜 중요한 것들을 자기만의 속도로 익혀 갈 수 있다. 그리고 이건 루틴 없이도 충분히 가능한 일이다. 매일 책을 외우거나 매일 똑같은 공부를 하지 않아도, 내가 직접 겪고 부딪히고 실수하고 다시 배워 나가면 된다.

상식이라는 것도 마찬가지다. 그건 단순히 머릿속에 외워진 정보의 총합이 아니다. 진짜 상식은 '부끄러움을 통해 배운 것들'의 축적이다. 책으로 배운 지식이 아니라 경험으로 배운 교훈이 진짜 내 것이 된다. 그리고 그런 경험은 충돌 속에서, 틀림 속에서, 실수 속에서 온다. 결국 중요한 건, 몰상식하다는 걸 두려워하지 않고 행동하는 용기다.

이 책에서 내가 계속 말하는 '행동력'이란 결국 이런 것이다. 직접 부딪히고, 틀리고, 부끄러워하면서 배우는 것. 그렇게 감정의 소용돌이 속에서 얻어 낸 깨달음만이 진짜 상식이 된다. 상식은 머리에 있는 게 아니라 몸으로 익히는 것이다. 처음엔 몰상식했지만, 나중에는 누구보다도 더 깊이 이해하는 사람이 될 수 있다. 왜냐하면, 그 부끄러움을 통해 진짜 배운 사람이기 때문이다.

그러니 몰상식해도 괜찮다. 중요한 건 그 다음의 태도다. 부끄러움을 받아들이고, 거기서 배우는 마음가짐. 그것이 진짜 지혜이고, 상식이다. 루틴 없이도, 틀려도, 실수해도, 우리는 결국 성장할 수 있다. 그게 바로 살아있는 학습이고, 진짜 인간의 방식이다.

미룰 수 있을 때까지 미룬다

　우리 인간의 행동은 어디서 출발할까? 누가 강제로 시켜서 억지로 움직이는 걸까, 아니면 내 안에서 올라오는 욕구로부터 자연스럽게 시작되는 걸까? 나는 단호하게 후자라고 믿는다. 내가 하고 싶어서 하는 일은 일 같지 않다. 그건 곧 놀이가 된다. 지금 이 글을 쓰는 이 순간도 마찬가지다. 누가 언제까지 안 쓰면 죽는다고 협박한 것도 아니고, 그냥 내 생각을 세상에 전하고 싶은 마음이 올라왔기 때문에 쓰고 있는 것이다.

　내 주변 유튜브를 하는 친구들도 그렇다. 그들은 자신이 좋아하는 것, 혹은 요즘 궁금해하는 주제를 엮어서 콘텐츠를 만든다. 그리고 그런 콘텐츠에 사람들이 반응하고, 수익도 따라온다. 물론 늘 잘되진 않지만, 그럼에도 결국 자발성에서 시작된 작업이 더 깊고 진정성 있게 사람들에게 닿는다. 우리가 능률을 극대화할 수 있는 진짜 방법은 '누가 시키지 않아도 내가 할 수 있는 힘'에서 출발하는 거다.

하지만 현실은 늘 그렇게만 흘러가지 않는다. 학생이라면 선생님의 과제를 해야 하고, 직장인이라면 상사의 일정에 맞춰야 한다. 프리랜서라면 클라이언트의 요구에 응해야 한다. 그러다 보면, 원하든 원하지 않든 우리는 '데드라인'이라는 제도 속에 살아가게 된다.

그래서 나는 그 안에서 나만의 방식으로 살아남는 법을 찾았다. 바로 '미룰 수 있을 때까지 미루는 것'이다. 처음엔 이게 단순한 게으름이라고 생각했다. 하지만 살아 보니 그게 전부는 아니었다. 나에게는 일찍 끝내는 습관이 있었고, 항상 데드라인보다 3~4일은 빨리 일을 마무리했다. 겉보기엔 성실하고 계획적인 모습이었지만, 결과물이 이상하게 밋밋했다. 왜 그럴까?

생각해 보니 나는 '데드라인'이라는 낯선 외부의 기준에 내가 휘둘리고 있었던 것이다. 그 날짜는 내가 정한 것도 아닌데, 나는 그걸 지키기 위해 스스로를 몰아붙였다. 왜? 인정받고 싶었기 때문이다. 누군가에게 '일 잘한다'는 말을 듣고 싶었다. '성실하다' '믿을 수 있다'는 평가를 받으며 나를 증명하고 싶었던 것이다.

그런데 한 가지 사실을 깨닫고부터 모든 게 바뀌었다. 내가 그렇게 인정받고 싶어 했던 이유가, 어쩌면 내 안의 어떤 결핍 때문일지도 모른다는 것. 어린 시절 부모님에게 충분히 칭찬받지 못했거나, 청춘기에 사랑을 제대로 해 보지 못해서일 수도 있다. 어쨌든 나도 모르게 '착한 사람'이 되고 싶어 안간힘을 쓰고 있었던 것이다.

그 사실을 자각한 뒤, 데드라인에 대한 집착이 점점 사라졌다. 나는

'빨리 끝내야 한다'는 강박을 놓기 시작했고, 자연스럽게 '할 수 있을 때까지 미루자'는 쪽으로 방향을 바꾸게 되었다. 그리고 신기하게도, 그렇게 바꾼 뒤로 결과물이 더 좋아졌다.

여기서 중요한 심리학 개념 하나를 얘기해 보자. 바로 파킨슨의 법칙Parkinson's Law이다. 이 법칙에 따르면 "일은 주어진 시간을 모두 채울 때까지 늘어난다"고 한다. 다시 말해, 한 시간짜리 일을 여덟 시간 주면 여덟 시간을 다 써 버리고, 오히려 에너지는 분산되며 결과물의 밀도는 낮아진다. 반대로, 그 일을 마감 직전에 몰아서 하면 집중력이 폭발하면서 밀도 높은 결과물이 나온다. 나의 경우는 정확히 이랬다.

대학 시절, 한 친구가 있었다. 평소엔 공부보다 애니메이션, 게임에 빠져 있었지만 시험 기간이 다가오면 미친 듯이 집중했다. 결국 그 친구는 항상 성적이 좋았고, 나중엔 삼성에 들어갔다. 어느 날 "비결이 뭐냐"고 물었더니, "발등에 불 떨어지면 한다"는 대답을 들었다. 그때 별거 아니라고 생각했는데, 30대가 되고 보니 이 말이 삶의 태도에 가까운 지혜였다는 걸 알게 됐다.

나도 한 번 실험 삼아 콘텐츠 작업을 마감 하루 전에 해 봤다. 이상하게 에너지가 빵빵하게 채워져 있었고, 머릿속 아이디어도 정리돼 있었다. 그리고 무엇보다도 몰입도가 달랐다. 클라이언트도 피드백을 빠르게 줬다. 어차피 정해진 날짜에 맞추기만 하면 되기 때문에, 나 혼자 조급해할 이유가 없었던 거다.

이 경험을 반복하며 깨달은 것이 있다. 미루는 것은 '게으름'이 아니라 '전략'일 수 있다. 창의력을 요하는 작업에서는 특히 그렇다. 아이디어가 숙성되려면 시간이 필요하고, 그 시간 동안 우리는 에너지를 비축한다. 미룬다는 건, 머릿속에 자리를 만들어 주는 것이다. 억지로 짜내려 할 땐 나오지 않던 문장과 장면이, 어느 순간 불현듯 떠오른다. 그건 내면이 준비됐다는 신호다.

게다가 우리는 '미루는 동안에도' 생각을 멈추지 않는다. 오히려 무의식 속에서 계속해서 그 일에 대해 곱씹고 있기 때문에, 막상 시작할 때가 되면 손은 거의 자동처럼 움직인다. 이건 '창의적 프로세스의 일부'다. 미루는 행위 속에 이미 준비가 포함돼 있는 것이다.

그러니 이제는 이렇게 생각한다.

'미룰 수 있을 때까지 미루자. 그게 내 창작의 방식이다'

사람들은 결국 '과정'보다는 '결과'를 기억한다. 아무리 중간에 미뤘다 한들, 최종 결과물이 좋으면 그게 전부다. 마감 직전의 폭발적 집중력과 무아지경의 몰입 상태에서 탄생한 작품은 단순히 일찍 시작해서 성실하게 만든 것과는 차원이 다르다.

그러니 죄책감은 내려놓자. 미룬다고 나쁜 게 아니다. 미루면서 생각하고, 느끼고, 에너지를 채운다. 그리고 불이 떨어졌을 때, 타오르듯 몰입하면 된다. 우리는 타이머가 아니라 인간이다. 효율보다 몰입이 중요한 순간이 분명히 있다. 그것을 아는 사람은 미루는 것을 두려워하지 않는다.

4장

감정과 생각을 다루는 법

때문에 대신 덕분에

"내가 이렇게 살게 된 건 부모님 때문이야."

"내가 이렇게 살게 된 건 부모님 덕분이야."

두 문장을 읽었을 때 어떤 느낌이 드는가? 첫 번째 문장은 지금 상황이 안 좋다는 뉘앙스를 풍긴다. 부모님의 어떤 영향이 현재의 부정적인 삶을 만든 듯한 인상을 준다. 반면 두 번째 문장은 부모님 덕택에 현재 삶이 긍정적으로 유지되고 있다는 느낌을 준다.

재밌는 건, 둘 다 원인을 설명하는 말임에도 불구하고, 어떤 단어를 쓰느냐에 따라 해석이 극명히 달라진다는 점이다. 결국 삶에서 발생하는 현상을 '때문에'로 해석하느냐 '덕분에'로 해석하느냐는 언어 선택의 문제이자 동시에 감정 해석의 방향성을 결정짓는다.

심리학자 마틴 셀리그만Martin Seligman은 자신의 저서 《긍정심리학Positive Psychology》에서 인간은 같은 사건을 어떤 설명 방식explanatory style으로 해석하느냐에 따라 삶의 질이 달라진다고 말한다. 즉,

'나는 왜 이런 일이 생겼지?'를 부정적으로 해석하는 사람은 우울과 좌절에 빠지기 쉽고, 반대로 긍정적으로 재구성하는 사람은 삶의 만족도가 훨씬 높다는 것이다.

그러니 우리도 생각해 보자. 어떤 일이 일어났을 때, 꼭 '때문에'라고 말할 필요가 있을까? 만약 그 말이 원망과 후회로 나 자신을 괴롭히는 방향으로 흐른다면, '때문에'보다는 '덕분에'를 의식적으로 선택해 보는 게 정신 건강에 이롭다.

나의 경우, 어린 시절은 정말 가난했다. 초·중·고등학교 내내 급식비를 밀려 교무실에 불려 다녔고, 교복도 살 돈이 없어 선배들이 버린 교복을 꿰매 입었다. 집도 없었다. 제주도에서 18년간 살면서 무려 열 번 이상의 이사를 다녔다. 평균 2년에 한 번꼴로 짐을 싸야 했다.

이런 환경 속에서 나는 오래도록 '때문에'라는 단어를 입에 달고 살았다. '부모님이 가난했기 때문에' '제주도라는 좁은 섬에 있었기 때문에'라는 식의 말들이었다. 하지만 지금은 모두 '덕분에'로 바꿨다.

이사를 자주 다녔던 덕분에 나는 어디서든 잘 적응할 수 있는 장소 유연성이 생겼고, 가난과 결핍의 경험 덕분에 악착같이 버티는 근성이 길러졌다. 부모님의 성실함과 정직함 역시 나에게 유전처럼 이어져서 지금도 큰일을 앞두면 '양심에 어긋나는 일은 하지 않는다'는 원칙을 지킬 수 있게 되었다.

가장 원망스러웠던 건 사실 따로 있다. 아토피였다. 이 부분은 솔직히 말하기가 조심스럽다. 엄마가 이 이야기를 들으면 마음이 아플 테니까.

　나는 태어날 때부터 아토피가 있었다. 얼굴 전체에 진물이 날 정도로 심했고, 머릿속은 지루성 피부염으로 항상 비듬처럼 하얀 가루가 어깨에 떨어져 있었다. 중학교 때 별명은 곰팡이였다. 이 경험은 나에게 깊은 사회적 고립감과 혐오감을 안겨 주었다. 오랜 시간 사람을 피하게 되었고, 나 자신을 미워하게 되었다.

　심리학적으로 보면 이는 '자기혐오 self-disgust' 혹은 '사회적 낙인 social stigma'이라는 개념과 연결된다. 특히 만성 질환을 가진 사람들은 이러한 정체성과 감정 때문에 자기 효능감이 떨어지고, 대인관계에서 불안감을 느끼는 경우가 많다. 나도 예외는 아니었다.

　게다가 아토피는 수면의 질을 극도로 악화시킨다. 밤마다 긁느라 잠을 제대로 못 자고, 수면 부족은 낮의 집중력을 떨어뜨리고, 감정 기복도 커진다. 삶이 늘 평탄하지 않았다. 제대로 잠을 자지 못하는 삶은 어떤 음식을 못 먹는 것보다 훨씬 고통스럽다. 그래서 나는 점점 집단 생활보다는 혼자 할 수 있는 일을 택하게 되었다.

　2015년, 대리운전을 시작했다. 낮에는 자고 밤에 일하면서도 혼자 있는 시간이 많아 심리적 안정감을 느꼈다. 그러다 유튜브에 일상을 올리기 시작했고, 어느새 콘텐츠 크리에이터가 되었다. 지금 이렇게 혼자 일하며 먹고 살 수 있게 된 것, 결국 모두 아토피 덕분이었다.

　나는 남에게 피해 주는 걸 정말 싫어한다. 그래서 내가 아토피 때문에 잠을 못 자고, 그 영향으로 누군가에게 피해를 준다고 느끼면 하루 종일 그 생각에서 벗어나질 못한다. 하지만 지금처럼 혼자 일하는 환경에선 그런 불편이 없다. 스트레스를 거의 받지 않게 되었고, 덕분에 아토피 증상도 많이 완화되었다.

이렇게 보면 아토피는 나를 망치러 온 존재가 아니라, 나의 라이프 스타일을 만들어 준 도우미였다. 결국 스트레스가 줄어든 덕분에 나는 더 건강해졌고, 어쩌면 장수할 수 있는 조건을 갖추게 된 걸지도 모른다.

우리가 살아가는 현재의 삶은 과거의 해석에 따라 완전히 다른 색을 띤다. 같은 사건이라도 '때문에'라고 말하면 상처로 남고, '덕분에'라고 말하면 자산이 된다. 내 과거를 떠올릴 때마다 불평불만이 먼저 떠오른다면, 그건 다시 살아도 똑같이 고통스러운 삶이 될 것이다. 하지만 똑같은 기억을 '덕분에'로 바꾸면, 그 기억조차 나를 지탱하는 힘이 된다.

결국 인생은 선택의 연속이 아니라 해석의 연속이다. 찰리 채플린이 말했듯, 인생은 멀리서 보면 희극이지만 가까이서 보면 비극이다. 그러니 우리가 해야 할 일은 지금의 비극적인 상황을 억지로 긍정하려는 게 아니라, 그것을 다르게 해석할 수 있는 여유를 갖는 것이다.

오늘도 무언가에 화가 나고, 원망이 올라오려는 순간이 있다면 이렇게 말해 보자.

"덕분에 여기까지 왔고, 덕분에 괜찮아졌다."

그 말이 나를 지켜 줄 것이다.

"그럴 수도 있지 뭐." 인간관계의 치트키

　개그맨 유세윤의 인스타그램을 보면 '아구럴수도있겠당'이라는 문장이 있다. 이 짧은 말 한 줄이 주는 힘은 꽤 크다. 한 사람의 실수를 이해하는 여유, 예상 밖의 행동을 품는 너그러움이 이 말에 담겨 있다. 나 역시 예전에 내가 운영하던 '하부 힐링'이라는 콘텐츠에서 "그럴 수도 있지 뭐."라고 넘기면 관계가 훨씬 부드러워진다고 말한 적이 있다. 그 말엔 강력한 힘이 있다. 사람은 다 다르다는 걸 인정하는 순간, 모든 것을 받아들일 수 있는 문이 열린다.

　우리는 대부분 갈등을 피하고 싶어 한다. 나도 평화주의자라 가능하면 싸움을 피하려는 성향이 있다. 하지만 유독 친한 친구나 가족에게는 종종 화를 낸다. 그 이유는 그들에게는 내 진짜 모습을 보여 줄 수 있기 때문이다. 싸움의 핵심을 들여다보면, 결국 '내가 맞다'는 전제를 고집하는 데서 시작된다. 누구나 자신의 의견이 옳다고 믿는다. 그렇게 두 명 이상의 '내가 옳다'는 사람들이 만나면 싸움은 피할 수 없다. 중요한 건 진실이 아니라, '내가 정답이다'라는 태도다.

심리학자 칼 로저스는 "진정한 수용은 타인의 입장에서 세상을 보려는 노력"이라 했다. "그럴 수도 있지 뭐."라는 말은 그 노력의 첫걸음이다. 누군가 실수를 하거나 이해할 수 없는 행동을 했을 때, 그 사람의 입장에서 바라보는 연습을 하는 것. 바로 거기서부터 관계는 유연해지고, 갈등은 작아진다.

한번은 유튜브 모임에 참여했다가, 사람에 대한 회의감이 들어 중도에 그만둔 적이 있다. 1년쯤 지나 그 모임에서 다시 연락이 왔고, 나도 예전보다 여유가 생겨 다시 함께하게 됐다. 그리고 누군가가 물었다. "왜 나갔었어?" 나는 솔직하게 "사람들에 대한 회의감이 컸어, 미안해."라고 말했다. 그러자 한 친구가 이렇게 말했다. "그럴 수 있지, 그런 상황이면." 짧은 말이었지만 정말 고마웠다. 내 행동이 이해받았다는 느낌, 내가 정당한 이유가 있어서 그런 선택을 했다는 인정이 전해졌다.

그 말을 들었을 때의 따뜻함을 기억하며, 나도 누군가가 오해를 풀기 위해 다가올 때 "그럴 수도 있지 뭐."라고 말하려 한다. 물론 요즘은 그렇게 사과하거나 오해를 푸는 사람들이 드물다. 오히려 새로운 관계를 맺는 게 더 낫다고 생각하는 시대다. 하지만 나는 믿는다. 한번 맺은 관계가 깊어지고 단단해지는 데에는 시간이 걸리고, 그 시간의 중심에는 이해와 포용이 있어야 한다는 것을.

만약 내가 아이를 낳고 단 하나의 인간관계 기술만 전해 줄 수 있다면, 나는 주저 없이 말할 것이다. "사람이 이상한 행동을 해도, 그럴 수도 있지 뭐라고 생각해." 이 한 마디는 인생의 수많은 갈등을 덜어 줄 치트키가 된다. 그걸 나도 더 일찍 알았더라면, 인간관계로 그렇게 힘들어하지 않았을 거다.

내가 자라 온 환경은, 다름을 이해하는 것보다는 다르다는 이유로 손가락질을 하는 분위기였다. 또라이 하나 용납 못 하는 분위기. 그러다 보니 나 역시 자연스레 어떤 틀 안에서만 생각하고 행동하게 됐고, 그것이 내 자유를 제한했다. 만약 그때 누군가가 "사람은 다르다, 이해하려 하지 말고 그냥 그럴 수도 있지 하고 넘겨라."라고 말해 줬다면, 내 삶의 원망은 훨씬 덜했을 거다.

실제로, 심리학에서는 '관용tolerance'이 높은 사람들이 갈등을 덜 겪고 삶의 만족도가 높다는 연구 결과들이 있다. 예일대 심리학자 폴 블룸은 "공감보다 관용이 더 깊은 관계를 만든다"고 말했다. 공감은 때로 지치게 만들지만, 관용은 상대를 있는 그대로 받아들이는 여유에서 나오기 때문이다.

사실 우리가 이해받고 싶다면, 먼저 이해하려 해야 한다. 오드리 헵번의 말처럼, 사랑받고 싶다면 사랑하라. 관심받고 싶다면 관심을 주고, 예쁨받고 싶다면 예쁜 말을 해라. 인생은 언제나 주고받는 게임이다. 왜 먼저 주어야 하냐고? 그래야만 받을 수 있으니까. 먼저 주는 사람이 결국 더 많은 것을 받는다. 그러니 이해받고 싶다면, 먼저 "그럴 수도 있지 뭐."라고 말하자. 그 말 한 마디가 문을 열고, 마음을 열고, 관계를 살린다.

　우리나라는 인간관계 스트레스가 가장 높은 나라 중 하나다. 직장생활이 힘든 이유도 결국 업무보다 사람이다. 그래서 자살률 1위라는 오명을 쉽게 벗지 못한다. 그건 모두가 타인을 이해하려 하기보다는, 자신의 기준을 강요하는 사회구조 탓이다. 그리고 그 구조는 우리 세대가 바꿔야 한다.

　'젊은 꼰대'라는 말이 생겨난 이유도 여기에 있다. 나이와 무관하게, 일정 기준에 집착하는 태도는 누군가에겐 폭력이 된다. 처음 오는 사람은 실수할 수밖에 없다. 그 실수에 대해 "그것도 몰라?"라고 말하기보다, "그럴 수도 있지, 나도 그랬어."라고 말하는 사람이 필요하다.

　완벽하게 실천하지는 못하지만, 나는 믿는다. 생각이 바뀌면 행동이 바뀌고, 행동이 바뀌면 사회가 바뀔 수 있다는 걸. 지금 이 글을 읽는 당신도, 한번은 '그럴 수도 있지 뭐'라고 말해 보길 바란다. 그게 누군가에겐 큰 위로가 되고, 어떤 관계에겐 새로운 시작이 될 수 있다.

　즐겁게 사는 유세윤 형처럼, 우리 모두도 즐겁고 유한 관계 속에서 살아가길 바라며.

우울할 땐 그냥 눕는다

　우울이라는 단어가 이렇게 자주 등장한 시대가 있었을까? 지금은 신체적 아픔보다 정신적 고통이 더 많이 이야기되는 시대다. 뉴스에서는 청소년 우울증, 산후우울증, 직장인 번아웃, 노인 고독사 같은 단어들이 일상처럼 들린다. 7세 이하 어린이조차 정신과 상담을 받는 현실을 보면, 우리는 이미 '우울한 시대'를 살아가고 있다. 이런 시대에 정말 필요한 교육은 무엇일까? 난 단언컨대, '우울할 땐 그냥 누워도 된다'는 것을 알려 주는 것이다.

　나는 어릴 때 이런 교육을 받았으면 참 좋았겠다고 생각한다. 감정이 흔들릴 때, 불안이 몰려올 때, 자신을 방어하고 회복할 수 있는 능력. 그게 진짜 교육이다. 수학 문제를 푸는 능력, 외국어를 암기하는 기술은 감정이 안정된 상태에서야 의미가 있다. 그 기반이 무너지면 아무것도 소용없다. 그럼 무엇부터 가르쳐야 할까? 나는 주저 없이 말한다. "누워라."

사람은 몸과 마음이 하나다. 몸이 피곤하면 정신이 영향을 받고, 정신이 지치면 몸도 가라앉는다. 특히 우리가 매일 '서서' 살아가는 삶은 무의식 중에 끊임없는 긴장을 요구한다. 인간이 두 발로 걷는 존재가 되면서부터 신체의 균형을 잡기 위해 미세하게 온몸의 근육이 긴장을 유지한다. 걷는 것도, 서 있는 것도 사실은 계속 긴장하는 상태다. 이 긴장을 푸는 가장 원초적이고 효과적인 방법이 바로 눕는 것이다.

요가를 2년 정도 했을 때 기억난다. 요가 수련을 마친 후 마지막에 항상 하는 자세가 있다. 바로 사바아사나Savasana, '시체 자세'라고도 불리는데, 말 그대로 대자로 누워 완전히 이완하는 동작이다. 55분 동안 온몸을 움직이며 긴장시키고, 마지막 5분간 완전히 내려놓는 그 자세는 요가인들이 가장 사랑하는 동작이기도 하다. 왜 그럴까?

사바아사나는 단순히 쉬는 게 아니다. 과학적으로 보면 이때 우리의 자율신경계는 교감신경에서 부교감신경으로 전환된다. 교감신경은 '긴장' '위기 대응' 상태에서 활성화되고, 부교감신경은 '휴식' '회복' 상태에서 활성화된다. 실제로 이때 우리의 뇌파도 바뀐다. 활동적인 베타파에서 안정적인 알파파 혹은 세타파로 이동하며, 뇌는 '위험 없음' '긴장할 필요 없음'이라는 신호를 받는다. 미국 하버드대학교의 신경과학자 허버트 벤슨 박사의 연구에 따르면 이완반응relaxation response은 혈압을 낮추고 심박수를 안정시키며 스트레스를 줄이는 데 효과적이다.

이 과정을 통해 뇌와 몸은 비로소 '쉼'을 경험하게 된다. 그리고 이게 바로 우울, 불안, 무기력 같은 감정을 끊어 주는 시작점이 된다. 우리는 흔히 우울하면 뭘 '해야만' 낫는다고 생각하지만, 오히려 아무것도 하지 않는 것이 시작일 수도 있다.

문제는 우리가 '눕는다'는 행위를 너무 부정적으로 본다는 데 있다. 게으름의 상징으로 여겨지고, 뭔가를 미루는 태도처럼 여겨진다. 하지만 이건 오해다. 사바아사나처럼 '의식적으로 눕는 것'은 회복이고 리셋이다. 물론 그 경계를 넘어서 무기력으로 빠질 수도 있다. 그러나 그건 눕는 게 문제가 아니라, 왜 눕는지를 모를 때의 문제다. 회피냐 회복이냐는 태도의 차이다. 중요한 건, 지금의 감정을 정화하려는 의도다.

우울하고 복잡한 감정에 빠졌다면, 그건 머릿속이 쓰레기장처럼 어질러졌다는 뜻이다. 이럴 땐 머리를 청소해야 한다. 그런데 머리 청소는 마음먹는다고 되는 게 아니다. 몸을 눕히고, 감각을 멈추고, 정보의 입력을 차단해야 비로소 시작된다. 이건 마치 컴퓨터를 껐다 켜는 것과 같다. 과부하가 걸리면 우리는 시스템을 재부팅하지 않나? 인간도 마찬가지다. 눕는다는 건 감정의 재부팅이다.

미국 임상심리학자 켈리 맥고니걸은 그녀의 저서 《스트레스의 힘 The Upside of Stress》에서 "몸의 자세가 감정에 영향을 준다"고 밝혔다. 눕는 자세는 방어를 멈추고, 자신을 다시 안전하게 만들어 주는 가장 본능적인 신호다. 뇌는 그것을 감지하고 그에 맞는 화학작용을 시작한다. 이게 자연스러운 자기회복력이다.

그래서 연예인들이 피부관리 비법을 묻는 질문에 자주 이렇게 대답한다. "틈틈이 자요." "잘 누워있어요." 자는 시간, 눕는 시간은 단순히 게으름이 아니라 회복의 기술인 것이다. 피로를 회복한 몸은 예민함이 줄어들고, 자연스럽게 동안의 얼굴과 부드러운 표정을 되찾는다. 이건 미용뿐 아니라 인간관계에서도 중요하다. 잘 쉰 사람은 타인을 향한 여유가 있다.

나는 훗날 조카나 내 아이가 감정조절이 어려운 시기를 겪는다면, 가장 먼저 이렇게 말해 주고 싶다. "일단 누워 보자." 잘 눕고, 잘 쉬는 것이 인간의 기본 능력이다. 인간다움이란 감정을 잘 다루는 힘이며, 그 시작은 멈추고 눕는 것이다.

우리는 너무 오랫동안 앞만 보고 달렸다. '힐링'이라는 단어가 한때 대한민국을 휩쓸었던 이유는 명확하다. 그동안 쉬지 않고 일군 성취의 뒤엔, 누구도 챙겨 주지 못한 휴식이 남았다. 지금은 그 빈 공간을 채워야 할 때다.

그러니 우울하다고 느낄 땐, 자신을 책망하기 전에 조용히 눕자. 불이 꺼진 방, 조용한 음악 한 곡, 눈을 감고, 온몸의 힘을 풀어내자. 아무도 당신을 재촉하지 않는다. 이건 게으름이 아닌 회복의 전략이다. 충분히 누워 본 사람만이 다시 일어설 수 있다. 눕는다는 것은 시작이다. 새로운 삶으로 가는 가장 인간적인 시작.

뭔가에 몰입하면 마음이 편해진다

잘 쉬는 방법은 과연 무엇일까? 일반적으로 우리는 휴식이라 하면 모든 활동을 멈추고 아무것도 하지 않는 상태를 떠올린다. 몸을 소파에 던지고, 핸드폰을 들여다보다 잠이 들고, 그렇게 몇 시간을 흘려보낸다. 그런데 그렇게 쉰 후의 느낌은 어떠한가? 개운하기보단 오히려 더 무기력하고, 다시 일에 복귀할 힘이 나지 않는다. 이는 '멈춤'이 곧 '에너지 충전'으로 이어진다는 기존의 인식이 완전히 맞지 않다는 걸 의미한다.

현대 심리학에서는 이런 상태를 '수동적 휴식passive rest'이라 부르는데, 이는 뇌의 디폴트 모드 네트워크Default Mode Network, DMN를 활성화시키는 경향이 있다. 이 네트워크는 과거 회상이나 미래 걱정, 자기비판 등의 생각을 유도해 오히려 스트레스를 증가시킨다고 한다. 즉, 무의미한 멈춤은 진정한 회복이 아니라 오히려 감정의 낭떠러지를 만든다는 것이다.

반면 진짜 에너지를 채워 주는 휴식은 '능동적 몰입active engagement'에 있다. 이는 원래 하던 일과 전혀 다른 무언가에 집중하는 것이다. 예를 들어 글을 쓰다가 지칠 때, 그냥 멍하니 유튜브를 보는 게 아니라 설거지를 하거나 산책을 하거나, 다른 창조적인 활동에 몰입해 보는 것이다. 이처럼 몰입은 단순히 시간을 보내는 것이 아니라 뇌의 회로를 바꿔 주는 전환점이 된다. 미하이 칙센트미하이Mihaly Csikszentmihalyi가 말한 '플로우Flow' 상태도 바로 이 지점에서 발생한다. 우리는 몰입할 때 심리적 안정과 내적 만족을 동시에 경험하게 된다.

실제로 내 주변에도 이런 몰입을 통해 삶의 균형을 맞추는 사람들이 있다. 명동에서 미용실을 운영하는 친구는 하루 두 시간을 취미활동에 쓴다. 애기도 있고, 하루 종일 서서 일하느라 체력도 바닥날 텐데 그는 그 두 시간을 게임에 쏟는다. 왜 게임이냐고 물었더니, "게임을 하면 다음 날 출근이 더 개운하다"고 말한다. 일반적인 논리로는 이해되지 않을 수 있다. '잠을 더 자야 피곤이 풀리지 않나?' 하지만 그는 자신을 위한 몰입 시간이 있어야 다른 일상도 견딜 수 있다고 말한다. 이는 '회복의 자율성recovery autonomy'이라는 개념과도 맞닿아 있다. 즉, 내가 나의 휴식을 어떻게 설계하고 통제하느냐가 다음 날의 컨디션과 직결된다는 것이다.

또 다른 사례로는 한 형이 있다. 두 딸을 키우느라 수년 동안 자신의 취미를 포기했던 그는, 아이들이 유치원과 학교에 가기 시작하면서 오토바이 여행과 피규어 조립이라는 오랜 취미를 다시 시작했다. 물론 그는 육아에 충실하며 남는 시간에만 이 활동을 한다. 하지만 그 짧은 시간의 몰입이야말로 그에게는 가장 강력한 휴식이다. 일과 육아에서 소진된 에너지를 충전할 수 있는 원천인 것이다.

나 또한 같은 경험을 했다. 영상 만들고 콘텐츠 작업을 하루 종일 하다 보면 당연히 '쉬어야겠다'는 생각이 든다. 그래서 쉬려고 했다. 그러나 아무것도 하지 않는 휴식은 오히려 다시 일로 복귀하는 데 더 큰 장벽이 됐다. 이상하게 의욕이 떨어졌고, 그다음 날조차 시작이 힘들었다. 그래서 나는 시도해 봤다. 글을 쓰거나, 자전거를 타거나, 온라인 게임을 하며 집중을 해 봤다. 놀랍게도 그렇게 몰입한 다음 날은 일하는 게 즐거웠다. 이유는 간단했다. '이 일이 끝나면 내가 좋아하는 몰입을 다시 할 수 있다'는 기대감 때문이었다. 몰입이 나에게 보상이자 연료가 되어 준 셈이다.

우리가 잘못 알고 있는 휴식의 정의는 '멍 때리기'다. 하지만 그것은 오히려 더 큰 공허함을 만든다. 진짜 휴식은 '몰입의 전환'이다. 지금 하는 일에서 벗어나 또 다른 것에 몰입하는 것, 그것이 진정한 회복을 만들어 준다. 심지어 기업가 일론 머스크조차 인터뷰에서 "가만히 리조트에서 모히토를 마시는 것보다 무엇인가에 몰입할 때 인생이 즐겁다"고 말한다. 그는 이렇게 말했다. "나는 몰입할 대상이 필요해요. 그것이 휴식이고 삶이에요."

이처럼 몰입은 누구에게나 필요하다. 우리는 천성이 다르지 않다.

다만 몰입의 대상과 강도, 그리고 그것을 선택하는 방식이 다를 뿐이다. 주말이든, 퇴근 후든, 우리는 나를 위한 몰입을 설계할 수 있어야 한다. 그것이 진짜 회복이고, 진짜 휴식이다.

그러니 이제부터는 아무것도 하지 않는 것을 휴식이라 여기기보다, 나를 위한 몰입의 순간을 계획해 보자. 책 읽기, 그림 그리기, 운동, 게임, 요리, 글쓰기 무엇이든 좋다. 중요한 건 그것이 나만의 에너지를 충전시켜 주는 '몰입의 샘'이 될 수 있는지 여부다. 그리고 그 몰입은 나를 지치게 한 일상 속으로 다시 들어갈 힘을 만들어 줄 것이다.

몰입은 단순한 집중이 아니라, 삶의 리듬을 되살리는 회복의 기술이다.

하기 싫은 일을 흘려보내는 법

내가 항상 강조하는 건 '흐름대로 살자'는 거다. 자연스럽게, 억지로 꾸미지 말고 하고 싶은 걸 하면서 살아가라는 거. 그런데 이렇게 말하면 마치 인생이 늘 좋은 일만 있는 것처럼 들릴지도 모르겠다. 현실은 그렇지 않다. 인생은 달콤함과 쓸쓸함이 동시에 존재하는 공간이다. 좋아하는 일엔 반드시 싫어하는 일이 따라오고, 기쁨 뒤엔 피할 수 없는 불쾌한 일들이 기다린다.

그러다 보면 싫어도 해야만 하는 일과 마주하는 순간이 온다. 이럴 때 내가 꺼내는 말이 있다. 바로 "어쩔 수 없지 뭐."

이 말은 나에게 '현실 수용'의 주문과도 같다. 해야 한다고 마음먹을수록 저항감은 커지고, 억지로 하는 일일수록 온몸이 무겁다. 심리학에서는 이런 상태를 '인지적 부조화Cognitive Dissonance'라고 부른다. 내가 원치 않는 일을 하게 될 때, 마음과 행동 사이의 갈등이 피로를 불러온다는 이론이다. 그래서 이 말 한마디가 필요하다. "어쩔 수 없지 뭐."

우리가 자주 착각하는 게 있다. 어떤 일을 시작하려면 동기나 에너지가 충만해야 한다고 생각한다는 거다. 그런데 오히려 정반대다. 마음이 움직일 때까지 기다리는 게 아니라, 몸이 먼저 움직일 때 마음이 따라오는 경우가 많다. '행동 활성화Behavioral Activation'라는 치료 기법이 그렇다. 우울하거나 무기력할수록 작게라도 행동부터 하게 만들어야 한다는 접근이다.

그래서 나는 글을 쓸 때도 '기분이 좋아서' 쓰는 게 아니라, 그냥 노트북을 열고 "어쩔 수 없지 뭐."라고 중얼거리며 타자를 친다. 쓰기 싫은 날도 너무 많다. 심지어 책 한 권을 쓰겠다고 마음먹은 순간부터 의욕이 사라지기도 한다. 그런데 또 이상하게, 이걸 안 하면 마음이 허전하고 삶이 뭔가 빠진 느낌이 든다. 다른 어떤 것도 이 감정을 채워 주지 못할 때, 그냥 쓴다. 기대도 안 한다. 쓰면 무언가 바뀔까? 아니다. 안 바뀐다. 그럼에도 불구하고, 그냥 한다.

이게 글쓰기만 그런 게 아니다. 유튜브도, 게임도, 운동도 마찬가지다. 조회수가 안 나오면 하기 싫고, 게임도 계속 지면 때려치우고 싶고, 운동도 성과가 안 보이면 귀찮아진다. 그런데 글쓰기는 달랐다. 결과를 떠나 그냥 하게 된다. 그래서 나는 이걸 '애증의 작업'이라 부른다. 사랑하지만, 고통스럽다. 고통스럽지만, 없으면 더 허전하다. 이런 감정은 어쩌면 예술가들이 창작을 대하는 기본 태도일지도 모른다.

삶이란 원래 통제할 수 없는 일투성이다. 우리가 통제할 수 있는 건 생각보다 많지 않다. 심리학자 줄리언 로터Julian Rotter는 '통제 소재 Locus of Control'라는 개념을 소개했다. 내가 삶을 스스로 통제할 수 있다고 믿는 내적 통제형이 있는가 하면, 삶은 외부 환경에 의해 결정된다고 믿는 외적 통제형도 있다. 하지만 진짜 중요한 건 통제하려는 집착을 내려놓는 능력이다. 어떤 일은 받아들이는 게 낫다. 덜 힘들다.

예전에 대학교 후배가 고민을 털어놨다. "형, 집에 가면 부모님이 맨날 싸워요. 저한테도 스트레스를 주시고요."

나는 이렇게 말했다. "그럼 집을 나와. 월세라도 구해서 혼자 살아."

그 친구는 대답했다. "돈이 없어요."

"그럼 그냥 살아야지. 어쩔 수 없잖아. 거긴 부모님 집인데, 네가 통제할 수 없는 공간이야. 부모님이 싸우는 건 너의 문제가 아니야. 받아들여야 해. 거기서 네가 바꿀 수 있는 건 아무것도 없어. 네 할 일만 해. 잠잘 땐 그냥 자고, 학교 갈 땐 가. 분위기 바꾸려고도 하지 마. 괜히 싸움 말리거나 해결하려 하지도 말고. 그냥 '어쩔 수 없지 뭐' 하고 넘겨."

그 친구는 그 말을 암송처럼 반복했다고 한다.

몇 달 뒤 그 친구가 찾아왔다.

"형, 신기하게도 그렇게 생각하고 나니 부모님이 싸워도 별로 신경 안 쓰이고, 오히려 덜 싸우시기도 해요."

그 말을 듣고 나도 놀랐다. 내가 그렇게 대단한 조언을 한 것도 아니었는데, 효과가 있었다니. 생각해 보면, 우리가 스트레스를 받는 가장 큰 이유는 '변화를 만들 수 없는 일에 너무 많은 에너지를 쓰기 때문'이다.

이제는 안다. 삶의 대부분은 변수로 가득 차 있다. 미래를 예측하는 것도, 상황을 완벽하게 설계하는 것도 불가능하다. 그 속에서 우리가 통제할 수 있는 건 행동 하나다. 선택 하나다. 하느냐, 마느냐. 흘러가느냐, 막느냐. 가만히 있느냐, 움직이느냐. 여기서 필요한 건 화려한 다짐이 아니라, "어쩔 수 없지 뭐."라는 현실 수용의 기술이다.

투쟁이 나쁜 건 아니다. 하지만 모든 싸움엔 상처가 따른다. 상처를 감당할 수 없다면 싸움을 거부하는 것도 방법이다. 거부하는 대신 받아들이는 거다. 그게 약함이 아니라 지혜다.

그리고 그런 순간마다 스스로에게 한마디 하면 된다.

"어쩔 수 없지 뭐."

이 말이 나를 구하고, 오늘도 움직이게 한다.

삶은 흐른다. 물처럼 흐른다.

그 물을 괜히 가두려 하지 마라.

그냥 같이 흘러가다 보면, 언젠가 물처럼 유연해질 테니까.

"그거 안 될걸?" 부정의 전염을 끊는 연습

신포도 여우 이야기를 아는가? 여우가 나무에 매달린 포도를 보고 먹고 싶다는 생각을 했다. 그런데 막상 따려고 보니 너무 높은 곳에 있었고, 따기란 불가능해 보였다. 여우는 결국 포기하며 돌아가며 이렇게 말한다. "어차피 안 익었을 거야. 저 포도는 신맛이 날 거야." 이 간단한 우화는 우리 모두에게 깊은 울림을 준다. 무엇보다 중요한 건 그 말이 '포기를 정당화하는 논리'로 작동한다는 점이다. 시도하지 못한 일, 도전하지 못한 상황에 대한 자기 합리화가 얼마나 정교한지 알 수 있다.

이 이야기는 단지 여우의 이야기가 아니다. 바로 우리의 이야기다. 특히 누군가에게 새로운 시도를 말할 때, 그리고 돌아오는 반응이 "그거 안 될걸?"이라는 말이라면 더욱 그렇다.

나도 그랬다. 내가 한창 사업을 하겠다고 마음먹고, 오랜만에 친했던 친구에게 말했을 때 그 친구는 늘 똑같은 말을 했다. "그거 안 될

걸?" 말할 때마다 그 말은 묘하게 나의 기세를 꺾었고, 어느새 난 다시 호텔에 취직했다. 사업은 포기했다. 당시 나는 스스로를 위로했다. '어차피 난 사업할 팔자가 아니야' 이런 말로 내 안의 두려움을 덮었고, 명분도 만들었다. '요즘 시대에 자영업은 위험하지. 자본도 없고, 경험도 없는데 무슨 사업이야' 하고 말이다. 이처럼 난 도전을 포장된 포기로 교묘하게 바꾸어 버렸다.

하지만 시간이 흘러 지금 나는 사업을 하고 있다. 아주 작은 사업이지만, 중국에서 물건을 수입해 쿠팡에 판매하고 있다. 가끔 인스타그램에 올려 마케팅도 한다. 그렇게 겪어 보니, 예전에 내가 멀리했던 '사업'이라는 포도는 생각보다 달콤했다. 특히 잘 익은 포도의 쾌락은 그 어떤 확신도 대신할 수 없었다.

이 경험을 통해 나는 내 인생에서 수없이 많았던 '핑계'를 떠올릴 수 있었다. "나는 예민한 성격이라서 안 돼." "그건 내 성향이 아니야." "나는 책임질 수 없어서 못 해." 이런 말들은 사실 전부 제한된 신념의 변형이었다. 심리학자 캐럴 드웩Carol Dweck은 이를 고정 마인드셋fixed mindset이라고 설명한다. 실패의 가능성을 줄이기 위해 애초에 시도조차 하지 않으려는 태도, 그게 바로 나였다.

이보다 더 나쁜 건, 나 스스로에게만 부정적인 말을 하는 게 아니라 주변 사람들에게도 부정의 씨앗을 뿌리고 다녔다는 점이다. 예를 들어, 내 친구가 수입차를 살지 국산차를 살지 고민할 때도 나는 "수입차 사면 사람들 시선이 안 좋을 거야." "유지비가 감당 안 될걸?"이라고 조언 아닌 조언을 했다. 친구는 결국 BMW를 샀고 지금 매우 만족하며 잘 타고 다닌다. 오히려 내가 했던 부정적인 예상은 단 한 번도 일어나지 않았다.

그때 깨달았다. 나는 누군가의 '가능성'을 방해하고 있었던 것이다. 내 안의 부정이 타인에게까지 전염되고 있었고, 나 같은 친구는 멀리해야 한다는 걸 그제서야 알았다.

사람은 주변 환경의 영향을 받는다. 심리학에서는 이를 '사회적 전염social contagion'이라고 한다. 감정, 생각, 행동은 마치 바이러스처럼 옮겨 간다. 부정적인 말 한마디가 모이면 공동체 전체의 분위기를 바꾼다. 근묵자흑, 근주자적이란 말이 딱 맞는 상황이다.

다행히 나에게도 반전의 계기가 있었다. 나의 이런 제한된 신념과 부정적인 언어 습관을 바꾸기 위해 책을 뒤지던 중, '호오포노포노'라는 하와이 전통 정화법을 알게 되었다. 이건 무척 간단하지만 효과는 강력하다. "미안합니다. 감사합니다. 사랑합니다. 나를 용서해 주세요." 이 네 문장을 반복하는 것이다. 특별한 절차도 없고 장소도 필요 없다. 그저 마음속으로 말하면 된다.

이 네 문장은 단순히 말장난이 아니다. 심리학적으로도 자기 자비 self-compassion와 자기 치유self-healing의 강력한 도구로 작용한다. 하버드 의대 연구에 따르면, 반복적인 자기 긍정 언어는 실제로 스트레스 호르몬인 코르티솔을 줄이고, 심박수를 안정시키는 효과가 있다고 한다.

나는 지금도 부정적인 생각이 들거나, 내가 통제할 수 없는 상황 앞에서 무기력해질 때, 이 말을 속으로 되뇐다. "미안합니다. 사랑합니다. 감사합니다. 나를 용서해 주세요." 순서는 중요하지 않다. 이 말들을 반복하다 보면 내 안의 제한된 믿음이 조금씩 풀리는 걸 느낀다. 신기하게도 나를 덮고 있던 어두운 안개가 걷히는 기분이다.

이제는 누군가에게 조언을 해 줘야 할 상황이 오면, 함부로 "그거 안 될걸?"이라고 말하지 않는다. 오히려 이렇게 묻는다. "혹시 도전해 볼 생각은 있어?" 이 말 하나가 상대방의 미래를 바꿀 수 있다. 내 말 한마디가 누군가의 씨앗을 썩게 할 수도 있고, 꽃피우게 할 수도 있다는 사실을, 나는 이제야 진심으로 이해했다.

당신이 누군가에게 부정적인 조언을 하려는 순간, 혹은 스스로에게 포기할 이유를 설명하려는 순간, 멈춰서 자신에게 조용히 물어보라. "나는 지금 부정의 전염을 하고 있는 건 아닐까?" 그 순간 호오포노포노를 속삭여 보라. 당신의 마음은 다시 '제로'로 돌아갈 수 있다. "미안합니다. 감사합니다. 사랑합니다. 나를 용서해 주세요."

울적할 땐 밝은 옷을 입는다

　우리의 기분은 색깔과 닮았다. 우울할 때 사람들은 본능적으로 검정, 회색, 남색처럼 어두운 색의 옷을 찾는다. 반대로 기분이 좋을 때는 핑크, 화이트, 연두, 하늘색 같은 밝고 경쾌한 색에 끌린다. 그런데 이건 반대도 성립한다. 밝은 옷을 먼저 입으면 기분이 자연스럽게 따라 올라간다. 실제로 '인지된 감정'이 아닌 '유도된 감정'이라는 개념이 있다. 이는 감정이 상황에 따라 발생하는 것이 아니라 행동이나 외적 자극으로 인해 유도될 수 있다는 것이다. 옷도 그 유도 중 하나다.
　우리가 좋아하는 옷을 입고 외출할 때, 거울 속 모습이 예뻐 보일 때, 마음은 괜히 설레고 자신감이 생긴다. 반면, 아무렇게나 입고 나간 날은 괜히 몸을 움츠리게 된다. 행동도, 말투도 달라진다. 그래서 옷은 단순히 멋내기의 도구가 아니라, 감정 조절을 해 주는 매개체다. 예쁜 옷을 입고 데이트를 나갔는데 실수로 음식이 튀어 얼룩이라도 생기면 어떨까? 그날 하루 종일 그 옷에 시선이 쏠리고, 기분도 다운 된다. 이처럼 옷은 우리의 기분에 직결된다.

심리학에서도 시각은 인간이 가장 크게 의존하는 감각이라고 말한다. 실제로 인간이 외부 정보를 인지하는 데 있어 시각이 차지하는 비율은 70% 이상이다. 밝은 색은 사람의 뇌를 자극해 도파민과 같은 긍정적인 호르몬의 분비를 유도하며, 우울감을 줄이는 데 효과가 있다고 알려져 있다. '색채심리학color psychology'에서는 노란색이 희망과 활력을 상징하고, 파스텔톤은 안정감을 준다고 말한다. 그러니 울적할 땐 그저 본능대로 어두운 옷을 꺼내기보다, 일부러라도 밝은 색을 걸쳐 보는 시도가 필요하다.

여기서 한 가지 짚고 넘어가야 할 점은 옷을 입는다는 행위 자체가 '나를 대하는 태도'라는 점이다. 옷에 신경을 쓴다는 것은 나를 존중한다는 표현이고, 내 감정 상태를 지키는 방어막이 될 수 있다. 몇몇 IT업계 거물들, 예컨대 스티브 잡스나 마크 저커버그처럼 똑같은 옷을 반복해서 입는 사람들도 있다. 그들은 의사결정 피로를 줄이고 효율을 극대화하기 위해 그런 선택을 했다. 하지만 그건 어디까지나 이미 브랜드가 확립된 이들이기 때문에 가능한 일이다. 우리는 사회적 동물이기에 누군가에게 잘 보일 필요가 있고, 관계에서의 인상을 고려하지 않을 수 없다.

따라서 무작정 '나는 효율적인 사람이야' 하면서 검정티에 청바지만 입는 건 위험하다. 그런 고정된 스타일이 하나의 캐릭터로 받아들여질 수 있는 건, 주변 사람들이 이미 나를 알고 있을 때다. 하지만 낯선 자리에, 새로운 사람들과의 만남에서는 '옷이 말하는 나'가 첫 인상을 결정한다. 그래서 나는 TPO라는 개념을 굉장히 좋아한다. T는 시간Time, P는 장소Place, O는 상황 혹은 목적Occasion. 이 세 가지에 맞는 옷을 입는 것은 단지 예의가 아니라, 나를 보호하고 돋보이게 하는 전략이다.

무채색 옷만 고집하며 '패션에 관심 없어' 하는 사람이 있다. 그런데 이상하게도 이런 사람일수록 타인의 스타일엔 민감하다. "쟤는 명품만 입네." "쟤는 꾸며 봤자 안 어울리는데?" 같은 뒷말을 자주 한다. 사실 그런 말은 열등감의 반영이다. 옷을 잘 입고 자신을 가꾼다는 건 자기 사랑의 표현이고, 그 사람의 감정 상태를 지켜 주는 중요한 기술이다. 어떤 사람은 빚을 내서 옷을 사고, 어떤 사람은 알뜰히 모은 돈으로 옷을 산다. 그런데 그게 무슨 상관인가? 외형이 주는 자신감이 그 사람의 태도와 삶을 바꾸는 데 도움이 된다면 그건 충분히 의미 있는 소비다.

그럼에도 여전히 "나는 미니멀리스트니까 옷은 한두 벌만 있으면 돼."라고 말하는 이들이 있다. 나도 미니멀리즘을 지향하긴 한다. 허나 미니멀리즘이라는 건 아무 옷이나 몇 벌만 입는 게 아니라, 좋은 옷 몇 벌로 나를 표현하자는 개념이어야 한다. 실제로 SPA 브랜드의 옷은 몇 번 입으면 헤지고 망가진다. 트렌드에 맞춰 빨리 사고, 빨리 입고, 빨리 버려야 하는 패션 구조 속에서 우리는 예쁘고 깔끔한 옷을 입는 것이 삶의 질을 올리는 방법이기도 하다.

한 연구에 따르면, 패션에 신경을 쓰는 사람일수록 외향성이 높고, 자기 효능감self-efficacy이 강하다는 결과도 있다. 자신이 괜찮아 보인다는 확신은 인간관계에서도, 일상에서도 긍정적인 영향을 준다. 우울감을 극복하기 위해 약이나 상담 외에도 실천할 수 있는 작은 방법 중 하나가 바로 '옷'이다. 어쩌면 약보다 빠르게 기분을 바꿀 수 있는 감정 스위치일지도 모른다.

그러니 울적할 땐 무조건 채도가 높은 옷, 따뜻한 색감의 옷을 입자. 봄을 닮은 노란 셔츠, 따뜻한 핑크빛 가디건, 말끔한 흰 셔츠도 좋다. 그 옷들은 단순한 천 조각이 아니라 나를 살아있게 만드는 무기다. 그 하루가 달라지고, 생각이 달라지고, 결국 삶의 방향도 달라질 수 있다. 감정을 바꾸고 싶을 때 가장 쉬운 방법은 거울 앞에서 나에게 어울리는 밝은 색을 꺼내 입는 것이다.

당신이 입는 옷은 당신의 기분이다. 옷이 밝으면, 마음도 밝아진다.

상대를 바꾸려 하지 않아야 상대가 바뀐다

 내 인생 철칙이 하나 있다면, 그건 단연코 '상대를 바꾸려 하지 않는 것'이다. 나는 절대로 누군가에게 이래라저래라 하지 않는다. 정말 조언을 구하는 사람이 있을 때만, 그것도 상대방이 소화할 수 있는 만큼만 조심스럽게 전달할 뿐이다. 나도 원래부터 이런 사람이었던 건 아니다. 한때는 꽤 이기적인 사람이었다. 내가 원하는 대로, 내가 시키는 대로 움직이지 않으면 불쾌했고, 서운했고, 심하면 삐치기까지 했다. 그런데 반복되는 관계의 마찰 속에서 문득 이런 의문이 들었다. "내가 왜 이렇게까지 기분이 나쁠까?"라는 질문이었다.

 그 끝에 도달한 답은 명확했다. 나는 사람을 조종하려고 했던 것이다. 마치 내가 상대의 행동을 통제할 수 있는 존재라고 착각한 채, 건방진 마음으로 사람들을 움직이려 했던 것이다. 하지만 인간은 누구도 누구를 조종할 수 없다. 바꿀 수 있는 존재는 세상에 오직 나 자신뿐이다. 이 단순한 진리를 받아들이는 데는 많은 시간이 걸렸다.

듣는 사람 입장에선 어땠을까? 내가 했던 말들이 얼마나 불편하고, 부담스러웠을까? 누군가 내게 그런 식으로 말한다면 나도 거리감을 느꼈을 것이다. 물론 모든 사람이 그런 것은 아니다. 내 친한 친구 재홍이는 팔로잉 성향이 강해서 누군가를 따라가는 걸 좋아한다고 말했다. 나랑 성향이 잘 맞는 이유다. 그래도 나는 재홍이에게도 쉽게 "이거 해 줘, 저거 해 줘." 같은 요구를 하지 않는다. 왜냐하면 그는 무조건 나를 믿고 따를 수 있는 사람이기에, 내가 잘못된 길로 이끌지 않도록 더 신중하게 말하려고 노력한다.

사람은 쉽게 바뀌지 않는다. 그리고 설령 바뀐다고 해도, 내가 기대한 만큼의 만족을 주지 않는다. 오히려 나의 감정만 더 불편해질 뿐이다. 그래서 요즘 나는 사람과의 관계에서 '바꾸려 하지 않음'이라는 태도를 기본값으로 삼는다.

여기엔 심리학적 근거도 있다. '자기결정성 이론Self-Determination Theory'에 따르면, 사람은 본인의 선택과 자율성을 침해당할 때 내적인 저항을 일으킨다고 한다. 누군가가 "이렇게 해라, 저렇게 해야 해."라고 강요할 때, 상대는 오히려 더 고집을 부리며 변화를 거부하게 된다. 나도 그랬고, 당신도 그럴 것이다.

연애에서도 마찬가지였다. 어릴 적 한 여자를 정말 좋아한 적이 있었다. 당시 내가 다니던 회사 사람들 모두가 알 정도로 마음을 숨기지 않았다. "용훈이가 걔 좋아하잖아." 이런 소문이 날 정도였다. 나는 그녀에게 최선을 다했다. 눈치 보지 않고, 계산 없이 다가갔다. 그런데 그렇게 들이댄 내 마음은 결국 고백으로 연결되지 못했다. '열 번 찍으면 넘어간다'는 말만 믿고 계속 타이밍을 보며 고백했다. 결과는 참담했다. 그녀는 내 마음을 부담스러워했고, 나는 실연의 상처에 깊이 빠졌다. 회사에선 일보다 사랑을 좇는 사람으로 이미지가 굳어져 버렸고, 나는 괜한 후회를 남겼다.

지금 생각하면 그때 나는 상대를 바꾸려고 했던 것이다. 좋아하게 만들고, 나를 선택하게 만들려고 억지로 움직이려 한 것이다. 지금의 나는 다르다. 연애는 집착이 아니라 맞춰 가는 것임을 깨달았다. 누가 보면 밀당이라고 하겠지만, 나는 이제 신호를 본다. 상대가 원하지 않는 느낌이 감지되면 아무것도 하지 않는다. 오히려 그럴 때 상대는 궁금해하고, 그 궁금함이 연결이 되는 인연이 되었다. 이것은 연애의 기술이 아니라 삶에 대한 태도의 변화였다.

돈도 마찬가지다. "나 월 1억 벌고 싶어." "연 100억 벌고 싶어." 이런 말만 반복하면 돈은 절대로 오지 않는다. 신기하게도 돈은 자기를 밝히는 사람보다, 무심한 듯 본인 할 일을 열심히 하는 사람에게 가서 붙는다. 실제로 '심리적 거리 이론 Construal Level Theory'에서는 어떤 대상이 나에게 심리적으로 너무 가까울수록 오히려 실현 가능성에 대한 불신이 커진다고 한다. 즉, 너무 집착하면 목표가 더 멀어진다는 뜻이다.

돈이든 사람이든 너무 움켜쥐고 있으면 다른 것을 잡을 수 없다. 꽉 쥔 주먹으로는 새 기회를 만질 수 없다. 손을 펴야만 새로운 것을 쥘 수 있다. 집착은 결국 나를 피곤하게 만들고, 관계를 왜곡시킨다. 우리는 자꾸만 상대를 바꾸려고 한다. 그러면서 자신의 중심을 잃고, 결국 남의 눈치를 보며 살아가게 된다. 바꾸려 하지 말자. 대신 내가 바뀌자. 그리고 그 변화의 에너지를 주변에 나누자.

이건 단지 철학적인 말이 아니다. 내 부모님이 그 증거다. 아버지는 평생 운동이라는 것을 모르고 살았던 분이다. 그런데 어느 날, 새벽에 산책을 시작했다. 1년, 3년, 5년을 넘겨 이제는 10년째다. 그러자 평소 움직이지 않던 어머니도 따라 나섰다. 두 분 다 일흔을 바라보는 연세임에도 불구하고, 여전히 50대처럼 건강하고 활력이 넘친다.

결국 변화는 말이 아니라 행동에서 시작된다. 그리고 그 행동은 자기 자신에게서 출발해야 한다. 바꾸려 하지 말자. 바꾸고 싶은 마음이 들면, 내가 먼저 바뀌면 된다. 그러면 언젠가, 그 변화는 조용히 주변을 감싸게 될 것이다.

누구에게나 감정의 배출구가 필요하다

뒷담화는 나쁜 걸까? 나는 그렇게 생각하지 않는다. 물론 모든 말이 뒷담화로 흘러가는 건 경계해야 하지만, '감정의 배출구'라는 면에서는 오히려 필요하다고 본다. 인간은 먹고 배설하듯 감정도 해소하고 배출하는 과정이 있어야 마음의 건강을 지킬 수 있다. 심리학자 지그문트 프로이트도 무의식 속 억압된 감정이 계속 쌓이면 신경증으로 이어진다고 했다. 이 말은 감정을 억누르지 말고 적절한 방식으로 표현해야 한다는 뜻이다.

예전에 읽었던 동화 〈임금님 귀는 당나귀 귀〉를 떠올려 보자. 이 이야기에서 핵심은 '이발사가 그 비밀을 외친 것'이 문제가 아니라, 그 말이 다시 임금님의 귀에 들어간 것에 있다. 누군가에게 털어놓는 건 어찌 보면 인간으로서 당연한 일이다. 문제는 그걸 전달하고 퍼뜨리는 사람이다. 뒷담화 자체는 문제없다. 전달이 문제다. 이간질이란 건 결국 전달에서 발생한다. 나는 이 이간질이라는 단어에 매우 민감하다. 나도 예전에 그런 일을 당해 봤기 때문이다.

  나는 나를 모두가 좋아해 주길 바라는 사람이 아니다. 누군가는 날 싫어할 수도 있고, 나랑 맞지 않는 사람도 있을 것이다. 그건 인정한다. 그런데 내가 하지도 않은 일, 말하지도 않은 말을 지어내서 소문을 퍼뜨리는 사람을 만난 적이 있었다. 그것도 나를 알고 지내던 사람이었다. 내가 듣지 못할 거라고 생각했는지, 진짜인 양 떠들고 다녔다. 그 소문이 내 귀에 들어왔을 때, 분노는 참기 어려웠다. 단순한 욕이 아니었다. 내 커리어를 위협할 정도로 큰 영향을 끼치는 이야기였기에, 지금도 그 기억은 선명하다. 그는 그 일로 무언가를 얻었을까? 전혀 아니다. 오히려 지금은 크리에이터를 그만두고 다른 일을 하고 있다고 들었다.

  나는 그때 대응하지 않았다. 침묵하고 무시했다. 억울하고 답답했지만 결국 그 싸움에 끼어드는 것이 더 더럽다고 느꼈다. '똥을 만지면 내 손도 더러워진다'는 걸 너무도 잘 알고 있었기 때문이다. 시간이 지난 지금 돌이켜 보면, 그때 침묵했던 선택이 나를 지켜 준 것 같다.

  그렇기에 나는 뒷담화 자체에는 관대한 편이다. 누군가 나에게 와서 "상사가 이랬다" "남자친구가 저랬다"는 얘기를 하면, 나는 그저 들어 준다. 공감해 주고 반응해 줄 뿐이다. 그리고 그 말을 외부에 발설하지 않는다. 그 사람은 나에게 신뢰를 보내며 감정을 털어놓은 것이고, 나는 그 신뢰를 지켜야 하는 입장이다. "이건 비밀인데…"라는 말로 시작하는 대화일수록, 나는 더 조용히 입을 다문다. 이건 단순한 말이 아니라, 일종의 '감정의 계약'이라고 본다.

다만, 그 반대의 경우도 많다. 고민을 상담하는 척하며, 타인의 이야기를 이 사람 저 사람에게 전하는 사람들. "누가 그러더라" "그 사람 원래 그렇다더라" 같은 말로 자신도 모르게 정치질을 하는 경우. 그런 사람은 조심해야 한다. 그건 뒷담화가 아니라 감정적 이간질이다. '난 그 사람 싫어. 너도 싫어해야 돼'라는 강요가 숨어있다. 이런 대화는 나도 모르게 그 사람의 감정에 감염되게 만든다. 감정은 전염된다. 심리학자 다니엘 골먼의 '감정의 전염emotional contagion' 이론에서도 말하듯, 타인의 감정 상태는 우리의 감정에도 영향을 미친다.

그래서 나는 그런 자리에서는 슬쩍 빠진다. 가까이 있다 보면 그 사람의 분노가 나에게까지 흘러 들고, 나도 모르게 아무 관련 없는 제3자를 미워하게 되는 일이 생기기 때문이다. 실제로 우리의 일상에서는 이런 '전달되는 뒷담화'가 뉴스로도 존재한다. 정치, 연예, 경제 등 온갖 영역에서 비밀스러운 이야기가 '정보'라는 이름으로 유통된다. 그런데 그 정보의 대부분은 편향되어 있다. 어떤 진영에 유리하게, 혹은 상대방을 깎아내리기 위해 만들어진 말이 많다. 그래서 더더욱 우리는 판단력을 가져야 한다. 감정에 휩쓸리지 않기 위해선, 자신만의 시선이 필요하다.

내가 뒷담화를 인정하는 이유는, 사람은 혼자서는 절대 감정을 정화하기 어렵기 때문이다. 물론 일기장에 쓰거나, 혼잣말로 해소하는 것도 좋은 방법이다. 하지만 실제로는 '리액션'이 있어야 감정이 정화된다. 내 말에 공감해 주고 고개를 끄덕여 주는 그 한 사람이 필요하다. 그래서 나는 그런 사람을 곁에 둔다. 오래된 친구들, 나를 믿고 비밀을 지켜 주는 가족들. 특히 우리 동생과는 이런 이야기를 자주 한다. 세상 돌아가는 이야기부터, 마음속 감정까지. 그래서 우리 남매는 남들이 보기에도 아주 친한 사이로 보인다. 그건 바로 우리가 건강한 뒷담화를 할 수 있는 사이이기 때문이다.

누구나 대나무숲이 필요하다. 마음속 비밀을 외칠 수 있는 공간, 그리고 그 소리를 들었지만 다시 말하지 않을 사람. 그게 바로 진짜 인간관계다. 감정을 배출하지 않으면 언젠가는 그 감정이 썩어 우리를 병들게 만든다. 뒷담화는 나쁜 게 아니다. 그걸 어떻게 다루느냐가 중요할 뿐이다. 그래서 나는 말하고 싶다. 뒷담화를 무조건 나쁘다고 단정짓지 말자. 오히려 감정을 해소하는 하나의 방식으로 받아들이고, 서로의 신뢰를 지키는 약속 속에서 건강하게 소화하자.

그리고, 절대 잊지 말자. 뒷담화보다 무서운 건, 그 말을 '전달하는 사람'이다.

욱하는 게 문제가 아니다, 문제는 그 이후다

 욱하는 사람을 보면 우리는 보통 부정적인 이미지를 떠올린다. 폭군, 무례한 사람, 통제 불능, 무섭고 위험한 사람. 나 역시도 그렇게 생각했다. 내가 욱했을 때는 너무 후회가 커서 죄책감에 시달리곤 했다. '내가 왜 그랬을까, 괜히 분위기 망쳤네' 하며 스스로를 자책했다. 나에게 '욱함'은 잘못된 감정의 분출이었고, 사람들과의 관계를 피곤하게 만드는 원인이었다. 하지만 시간이 흐르며 조금씩 생각이 바뀌기 시작했다. 계기는 의외로 단순했다. 미국 드라마와 영화를 보면서였다.

 미국 영화나 드라마에서는 다툼이 자주 등장한다. 등장인물들은 화를 내고, 때로는 소리를 지르거나 물건을 던지기도 한다. 그런데 놀라운 건 그 다음이다. 그들은 금방 "미안해, 내가 왜 그랬냐면…"이라며 자신의 감정을 설명한다. 상대는 그런 설명을 들으며 "그랬구나" 하고 이해해 주고, 둘 사이의 관계는 오히려 더 깊어진다. 나는 이 장면들에서 깨달음을 얻었다. '아, 화를 내는 것이 중요한 게 아니라, 그 이후에 진심을 전할 수 있는 용기, 그리고 그것을 받아 주는 분위기가 핵심이구나.'

실제로 미국에서 살다 온 친구에게 물어보니, 미국은 감정을 솔직하게 표현하는 문화라고 한다. 싫은 건 싫다고 말하고, 화날 일에는 감정을 드러낸다. 대신 화가 풀린 뒤에는 자연스럽게 사과하고, 상대도 이를 받아들이는 문화가 형성돼 있다. 이 말은 곧, 감정이 있다는 것 자체를 부정하지 않는다는 의미다. 감정이 있는 게 인간이고, 감정을 표현하는 것도 인간의 권리라는 것이다.

우리 사회는 이와는 좀 다르다. 특히 80년대생부터 지금의 30, 40대는 '화를 내는 사람은 나쁜 사람'이라는 인식 속에서 살아왔다. 한번 욱하면 그 사람은 '성격 더러운 사람'으로 낙인 찍히고, 아예 관계에서 배제된다. 그러니 자연스럽게 우리는 화를 억누르는 법만 배운다. '화를 내면 안 돼, 그래 봤자 손해야'라는 말과 함께 감정을 억제한다. 그런데 그렇게 억눌린 감정은 사라지는 게 아니라 마음속 어딘가에 쌓여 간다. 그리고 언젠가는 병이 되거나 폭발해 버린다.

심리학자 다니엘 골먼Daniel Goleman은 그의 저서 《감성지능Emotional Intelligence》에서 "감정을 억누르기보다 적절히 인식하고 표현하는 것이 정신 건강에 유익하다"고 말한다. 억눌린 감정은 스트레스 호르몬인 코르티솔 수치를 높이고, 이는 신체적·정신적 건강 모두에 부정적인 영향을 준다고 한다.

그래서 나는 이제 말하고 싶다. 욱하는 건 괜찮다고. 감정은 자연스러운 거고, 화가 나는 것도 너무 당연하다고. 중요한 건 그 감정을 어떻게 풀고, 어떻게 소통하느냐. 감정을 드러내고 나서 진심 어린 말로 사과할 수 있다면, 그건 오히려 건강한 인간관계의 시작일 수 있다. 나에 대한 관대함, 상대방에 대한 이해심. 이 두 가지가 함께할 때, 우리는 비로소 감정에 휘둘리지 않는 사람이 된다.

그리고 화를 다스리는 방법은 사람마다 다르다. 예전에 아버지와 병원에 간 적이 있었다. 접수하던 직원이 무례하게 말해서 아버지가 화가 났다. 그런데 그 순간 아버지는 오른손을 펴고 한 손가락씩 접으며 숫자를 세기 시작했다. 나는 묻는다. "아빠 뭐해?" 아버지는 말했다. "화가 날 때 이렇게 숫자를 세면 마음이 진정돼." 그렇게 욱하면 화부터 내던 아버지가 이제는 숫자를 세며 마음을 다스리고 있었다. 지금의 아버지는 예전보다 훨씬 더 차분하고 평온하다. 고요한 호수처럼.

나는 내 방식이 있다. 나는 욱할 때 "감사합니다."라고 말한다. 상황과 상관없이 그냥 감사하다고 말해 버린다. 내가 잘못했건, 상대가 잘못했건, 그걸 떠나서 이 상황 자체에 감사하는 것이다. 그렇게 하다 보니 싸움조차도 감사한 일이 되고, 이 갈등이 있었기에 서로를 다시 이해하게 된다는 위안을 얻게 된다.

그게 아니라면, 아예 그 상황에서 벗어나는 것도 좋다. 싸울 필요조차 없는 일이라면 그냥 나와 버리는 것이다. 대화와 감정의 소용돌이 속에 있지 않고 잠시 멀리 떨어져 보면, 분노도 조금은 작아진다. 이것이 바로 화에서 자유로워지는 연습이고, 욱하는 자신을 받아들이는 과정이다.

정신과 의사 존 가트맨John Gottman의 연구에서도 밝혀졌듯이, 커플 간의 갈등에서 가장 중요한 건 갈등 자체가 아니라 갈등 이후의 회복력이라고 한다. 회복하려는 태도와 노력이 관계를 더 단단하게 만든다는 것이다. 이는 연인 관계뿐만 아니라 인간관계 전반에 통용된다.

우리는 이제 문화를 바꿔야 한다. 감정표현을 금기시하는 사회에서 벗어나, 누구든 화를 낼 수 있고 그 감정을 이해받을 수 있는 사회로 가야 한다. 그게 진짜 사람답게 사는 것이다. '남자답게'나 '여자답게'가 아니라 '사람답게' 사는 것. 그 안에서 감정은 절대 부끄러운 것이 아니다. 오히려 감정은 사람의 진심이고, 인간성을 증명하는 증거다.

화에 지배당하지 말고, 화를 알아 가자. 화를 부정하지 말고, 감정을 이해하자. 욱하는 건 문제가 아니다. 그 이후가 진짜다.

5장

돈을 끌어오는 미친 생각법

돈은 나를 자유롭게 해 주는 친구다

나는 평생 가까이 지내는 친구들이 몇 명 있다. 초중고 친구 중 두 명, 그리고 사회에서 만난 친구 다섯 명. 이들 앞에서 나는 벌거벗은 듯 나를 드러내도 아무렇지 않다. 오래된 시간만큼의 신뢰가 쌓였고, 그 안에서 느끼는 편안함이 있기 때문이다. 이들은 내게 그 어떤 꾸밈도 필요 없는 존재들이다. 중요한 건, 이들이 나를 그렇게 생각하는 것처럼 나 또한 그들에게 편안하고 진실된 존재라는 것이다.

그런데 이런 친구 사이에서만 통용되는 이 원리를 나는 돈에도 적용시켜 보기로 했다. 돈도 결국 나와의 관계로부터 자유로워질 수 있는 친구가 되어야 한다. 우리는 왜 친한 친구를 곁에 두고 싶어할까? 이유는 간단하다. 편안함과 믿음. 어떤 일이 생겨도 연락할 수 있고, 아무 말없이 곁에 있어 줄 수 있는 존재. 돈도 그렇게 생각해야 한다. 돈을 믿지 못하고 경계하며 바라보는 순간, 돈은 친구가 아닌 두려움의 대상이 되어 버린다.

심리학자 카를 융Carl Jung은 "당신이 외면한 것들이 결국 당신의 삶을 지배하게 된다"고 말했다. 우리가 돈을 나쁘다 여기며 외면하고 통제하려 할수록 돈은 우리 삶에서 더 큰 지배력을 가지게 되는 것이다. 결국 중요한 건 돈에 대한 나의 태도다.

돈은 자유다. 돈이 많다고 해서 반드시 자유로운 것도 아니고, 돈이 적다고 해서 무조건 불행한 것도 아니다. 오히려 돈을 어떻게 대하느냐에 따라 그 자유의 폭이 달라진다. 돈을 친구로 여기면, 그 친구는 내가 필요할 때 찾아오고, 잠시 멀어졌다가도 다시 돌아올 수 있다. 이게 진짜 친구고, 진짜 돈이다.

돈을 사랑하되 집착하지 않아야 한다. 우리는 흔히 돈을 움켜쥐려 한다. 돈이 떠날까 두려워 억지로 잡고 있으려는 것이다. 하지만 그럴수록 돈은 멀어진다. 친구도 마찬가지다. 너무 집착하면 질려서 떠나고, 적당한 거리와 자유를 주면 다시 돌아온다. 돈도 숨 쉴 공간이 필요하다.

돈을 사람으로 의인화해 보자. 어느 날 친구가 우리 집에 놀러 왔다. 그런데 우리는 그 친구에게 허름한 방을 주고, 인스턴트 음식만 먹이고, "너는 이 정도면 충분해."라고 말한다면 그 친구가 다시 오고 싶을까? 돈도 마찬가지다. 돈이 들어왔을 때 어떻게 대접하느냐에 따라 그 돈은 다시 오고 싶어 질 수도, 영영 떠날 수도 있다.

나는 과거에 돈을 잘못 대했다. 가격이 저렴하다는 이유로 건강하지 않은 음식을 선택했고, 돈이 아깝다는 이유로 좋은 숙소가 아닌 저렴한 모텔을 선택했다. 그러고 나서도 "왜 나는 늘 돈이 부족할까?"라고 한탄했다. 친구에게 제대로 된 대접을 하지 않으면서 친구가 떠났다고 원망하는 것과 다름없다.

돈은 순환되어야 한다. 경제학자 존 메이너드 케인스는 "경제는 사람들의 심리에서 비롯된다"고 말했다. 실제로도 심리학에서 말하는 '풍요 마인드셋'이 중요하다. 부족함을 기반으로 한 소비는 결국 더 큰 부족을 부르고, 풍요로움을 바탕으로 한 소비는 새로운 풍요를 불러온다. 이건 단순한 이론이 아니라 실제 연구에서도 드러난다. 소비를 할 때 심리적으로 여유를 느끼면, 도파민과 세로토닌 수치가 올라가고 이는 뇌의 창의력과 판단력을 향상시키며 새로운 기회를 발견하게 만든다고 한다.

돈을 쓰는 것이 나쁜 것이 아니다. 오히려 건강한 소비는 건강한 부의 흐름을 만든다. 돈을 목적이 아닌 수단으로 바라보는 순간, 우리는 더 자유로워질 수 있다. 요즘처럼 고금리·저성장의 시대에는 돈을 '쌓아 두는 것'만으로는 결코 부자가 될 수 없다. 돈이 살아 움직이려면 흐르게 만들어야 한다. 피가 온몸을 돌아야 건강하듯, 돈도 마찬가지다.

사람들은 말한다. "돈이란 건 있었다가도 없고, 없다가도 생기는 거야." 맞다. 돈은 친구처럼 왔다가 떠나고, 떠났다가도 돌아온다. 이 말을 진심으로 이해하는 사람만이 진짜 돈을 다룰 수 있다. 돈은 사랑방처럼 언제든 드나들 수 있는 공간을 마련해 줄 때 다시 돌아온다. 억지로 묶어 놓으려 하지 말고, 머무를 자리를 만들어 주자.

 돈은 때로는 나의 친구이지만, 또 누군가의 친구이기도 하다. 돈을 나만의 것으로 만들려는 욕심은 결국 나를 가두는 감옥이 된다. 돈은 공유되어야 하며, 유기체처럼 서로 연결되어 있어야 한다. 누군가에게 간 돈이 또 나에게 돌아오기도 하고, 내가 쓴 돈이 또 다른 가치를 만들기도 한다. 이 연결의 순환이 건강한 자본주의 사회의 핵심이다.

 다행히도 우리는 자본주의와 민주주의가 함께 공존하는 사회에 살고 있다. 이 말은 곧, 내가 무언가를 만들어 내고 타인에게 가치를 줄 수 있다면, 얼마든지 부를 끌어올 수 있는 시스템 안에 있다는 뜻이다. 친구를 대하듯 돈을 대하자. 믿고, 보내 주고, 대접하자. 그럼 더 좋은 돈, 더 건강한 부가 나에게 올 것이다.

 좋은 친구가 좋은 친구를 데려오듯, 돈에 대한 자세가 결국 또 다른 돈을 불러온다. 돈을 무서워 말고, 돈을 미워 말고, 돈을 친구처럼 대해 보자. 어쩌면 지금보다 훨씬 자유롭고 풍요로운 삶이 기다리고 있을지도 모른다.

하고 싶은 일을 하며 돈을 버는 방법

 인생에서 가장 재미있는 건 뭘까? 오락? 휴식? 여행? 다 좋지만 내가 생각하는 최고의 재미는 '일과 놀이가 일치할 때'다. 내가 열중하고 몰입할 수 있는 일을 하면서, 동시에 돈이라는 보상이 따라올 때. 이보다 더 짜릿하고 의미 있는 삶이 또 있을까? 특히 좋아하는 일을 하다 보면 시간 가는 줄도 모르고 에너지가 솟는다. 그런데 그 일이 수입으로까지 이어진다면, 그건 더 이상 노동이 아니라 '인생의 축복'이다.

 실제로 많은 영화감독이나 연예인, 크리에이터들은 대부분 취미처럼 시작한 활동이 점차 돈이 되는 구조로 발전했다. 처음에는 좋아서 시작했고, 그 결과로 수입이 생기고, 그 수입이 유지되면서 더 큰 기회를 만들었다. 그리고 그 기회는 또 다른 안정과 자유를 가져다주었다. 그렇다고 이들이 처음부터 '확신'을 갖고 시작했느냐? 전혀 아니다. 대부분은 리스크와 불확실성 속에서 희망 한 줄기만 붙잡고 버텼다.

　사람들은 흔히 이런 삶을 판타지처럼 여긴다. "좋아하는 일을 하며 돈을 벌 수 있다고? 그건 일부 특별한 사람들만 가능한 일이야."라고 말하면서 시작조차 하지 않는다. 하지만 현실은 생각보다 단순하다. 리스크를 감수할 수 있느냐, 없느냐. 이 한 줄기에 따라 인생의 결이 바뀐다. 하이리스크, 하이리턴. 높은 위험을 감수할수록 보상은 더 크고, 그만큼 성취감도 커지는 것이다.

　나만 봐도 그렇다. 나는 7년 가까이 대리운전을 하며 생계를 유지했다. 운전을 좋아하기도 했고, 자유롭게 돈을 벌 수 있다는 점에서 만족했지만, 마음 깊숙이선 항상 '나는 진짜 하고 싶은 일을 하지 않고 있구나'라는 허전함이 있었다. 그러던 중 SNS를 시작했고, 우연히 인스타그램 팔로워가 늘면서 인플루언서라는 이름을 갖게 되었다. 처음엔 영상 하나 올려서 10만 원을 벌었다. 지금 생각하면 아주 작고 초라한 수입이지만, 그때의 나는 그 10만 원이 너무 소중했고, 무엇보다 '희망'이었다.

　대부분의 사람들은 여기서 좌절한다. '내가 이 고생해서 고작 10만 원 벌자고 콘텐츠를 만든 건가?' 조회수도 안 나오고, 시간 낭비만 했네' 이렇게 생각하고 포기한다. 왜냐하면 눈에 보이는 다른 성공 사례들, 수십만 유튜버들의 수입에 비교해 버리기 때문이다. 비교가 문제다. 나의 출발선과 남의 도착점을 비교하는 그 순간부터, 우리는 지는 게임을 하고 있는 셈이다.

하지만 진짜 중요한 건 '지금 내가 방향이 맞는지를 보는 것'이다. 처음 번 10만 원은 미약한 시작이지만, 그게 30만 원, 100만 원, 500만 원으로 확장될 가능성의 씨앗이었다. 나는 포기 대신 '반복'을 선택했다. 그리고 그것이 희망이었다. 《하버드 비즈니스 리뷰HBR》에서는 "심리적 희망hope은 불확실한 미래에 대한 긍정적 기대이며, 목표를 향해 나아가게 하는 핵심 동기"라고 말한다. 희망이 있는 곳에는 에너지가 따라온다.

그리고 중요한 건, 이 희망이 단순히 정신적인 위안이 아니라 '현실적 실행'을 가능케 한다는 점이다. 한 영상이 터진 뒤 10만 원이 들어온 그 경험이 나에게는 '계속해 보자'는 의지를 만들었다. 이후로도 꾸준히 만들었고, 그 반복이 점점 수익화되며 구조적인 수입원이 되었다.

많은 사람들은 "나는 하고 싶은 일이 있어도 돈이 안 되니까 못 해."라고 말한다. 그런데 생각해 보자. 수많은 사람들이 돈을 쓰면서도 게임을 하고, 여행을 다니고, 취미생활을 하며 즐긴다. 돈이 들면서도 하고 싶은 일은 그렇게 쉽게 하면서, 정작 수입이 아주 조금이라도 생기면 오히려 더 쉽게 포기한다. 이유는 하나다. '욕심' 때문이다. 처음부터 100만 원을 바라고 시작하면, 1만 원이 벌려도 만족할 수 없다. 그 마음이 결국 희망을 짓누르고 절망으로 변하게 만드는 것이다.

그러니 해야 할 일은 명확하다. 하고 싶은 일을 하며 돈을 벌고 싶다면, 아주 작게 시작하자. 1천 원이라도 벌어 보자. 그리고 그 1천

원을 벌게 된 과정을 분석하고, 개선하고, 반복하자. 그것이 쌓이면 1만 원이 되고, 언젠가는 100만 원이 된다. 심리학에서는 이 과정을 '행동 강화'라고 부른다. 긍정적 보상이 주어질수록 행동은 반복될 확률이 높아진다는 것이다. 아주 작은 수익도 '긍정적 보상'으로 인식하면 되는 것이다.

결국 중요한 건 '버틴다'는 표현을 어떻게 해석하느냐 이다. 나는 버텼다고 생각하지 않는다. 나는 '희망을 향해 걸었다'고 말하고 싶다. 방향이 있는 기다림은 결코 헛되지 않다. 마치 지하에서 자라는 씨앗처럼, 겉으론 아무 일 없어 보여도 뿌리는 자라고 있는 것이다. 그리고 어느 순간, 그 뿌리가 충분히 길어졌을 때, 땅을 뚫고 싹이 트는 것이다.

인생은 생각보다 길다. 우리는 자꾸만 조급해진다. 빨리 결과를 보고 싶고, 빨리 성공하고 싶다. 하지만 진짜 하고 싶은 일을 '직업'으로 만들고 싶다면, 반드시 길게 봐야 한다. 당장의 자극적인 콘텐츠보다, 진짜 내 이야기를 담고 내 팬을 만드는 데 집중해야 한다. 그것이야말로 지속 가능한 성장이다.

그리고 그 과정에서 무엇보다 중요한 건 '내가 하고 싶은 일을 하며 하루를 보내고 있다'는 그 자체가 엄청난 보상이라는 사실을 잊지 말자. 지금 이 순간에도, 나는 내가 원하는 삶을 살고 있다. 1원을 벌든, 100만 원을 벌든, 내가 정한 방향으로 걷고 있다는 것. 그것만으로도 이미 충분히 잘하고 있는 것이다.

그러니 당신에게 하고 싶은 일이 있다면, 꼭 시작해 보라. 수입이 적어도 상관없다. 오히려 적은 수입일수록 더 진짜다. 그것은 시작점이고, 가능성이다. 그리고 언젠가, 그 일이 당신을 먹여 살릴 것이다. 아니, 이미 지금도 당신의 삶을 살게 해 주고 있을지 모른다. 돈은 결국 따라온다. 하고 싶은 일을 할 용기만 있다면.

N잡은 필수인 시대, 올인보다 살아남는 게 중요하다

  나는 스스로를 '프로 N잡러'라 소개할 수도 있지만, 사실 이 표현을 좋아하진 않는다. 오히려 '장사꾼'이 더 잘 어울린다. 난 물건을 싸게 들여와 이윤을 붙여 팔고, 내가 가진 재능을 돈과 맞바꾸고, 이렇게 쓰는 글을 책으로 만들어 판매한다. 단순하게 말하면 나는 장사꾼이다. 좀 멋지게 말하면 사업가고.

  'N잡러'라는 단어는 요즘 유행처럼 퍼졌지만, 나는 이 용어에 담긴 뉘앙스가 불편하다. 과거 한국 사회는 한 직장에 묻혀 사는 것이 미덕처럼 여겨졌던 곳이었다. 그래서 그 고정관념을 벗어나 다양한 직업을 갖는 사람들을 칭찬하고자 'N잡러'라는 단어를 만들었지만, 어쩌면 이 단어조차도 또 다른 우월함을 표현하려는 가면일 수 있다. '나는 여러 일을 하는 능력자'라는 뉘앙스 말이다. 하지만 실상은 다르다. 나는 그렇게 멋져 보이려고 여러 일을 하는 게 아니다. 생존을 위해, 살아남기 위해 이것저것을 시도하고 해내야 했을 뿐이다.

사실 역사를 보면 모든 성공한 기업은 결국 'N잡'을 해 온 집단이다. 롯데는 처음에 껌 장사를 하다가 지금은 케미컬, 유통, 부동산까지 손댔다. 삼성은 쌀 장사로 시작해 지금은 세계적인 전자회사다. 맥도날드는 햄버거를 팔면서도 실제로는 전 세계 부동산을 확보해 부의 기반을 만들었다. 이처럼 기업도 한 가지 사업에만 목매지 않는다. 캐시카우(현금을 꾸준히 창출하는 사업군)를 만들고, 그 돈으로 새로운 분야에 도전하고 확장하는 구조를 가져간다.

나 또한 그렇다. 지금은 콘텐츠를 만들어 돈을 벌지만, 중국에서 제품을 들여와 팔기도 하고, 출판을 해서 인세를 받기도 하며, 광고료와 강의료도 수익의 한 부분이다. 그래서 누가 "당신 직업이 뭐예요?"라고 물으면 망설이게 된다. 작가? 크리에이터? 사업가? 장사꾼? 다 맞지만, 하나만 선택하고 싶지 않다. 그때그때 뭐가 잘되는지를 보며 유연하게 바꾸는 게 내 방식이다. 그리고 이것이 내 삶의 생존전략이기도 하다.

한 우물만 파라? 물론 중요하다. 하지만 모든 우물에서 물이 나오는 건 아니다. 파다 보면 땅이 단단해서 못 팔 수도 있고, 물이 나와도 내가 원하는 만큼 안 나올 수도 있다. 그러다 보면 어느 순간, 갈증을 해소할 만큼의 물을 확보하려면 새로운 곳으로 가서 또 우물을 파야 한다. 마치 주식 투자에서 "계란을 한 바구니에 담지 말라"는 말처럼, 인생도 리스크를 줄이기 위해 여러 갈래로 나눠야 한다.

이건 돈뿐만 아니라 인간관계에서도 마찬가지다. 나는 과거에 한 여자친구에게만 올인했던 적이 있다. 그 관계가 전부라고 믿었고, 그녀만 있으면 세상이 완벽할 거라 생각했다. 그런데 그 관계가 무너지자 내 세상도 함께 무너졌다. 그때 날 붙잡아 준 건 오래된 친구들이었다. 그들이 있었기에 나는 다시 일어설 수 있었다. 돈도 똑같다. 수익원을 하나에만 기대면, 그것이 무너질 때 인생 전체가 무너지는 기분을 느낀다.

이런 맥락에서 나는 N잡이 필수라고 생각한다. 특히 나처럼 불안과 함께 사는 사람들, 정해진 월급이 없고 매번 생존을 고민해야 하는 사람들에겐 더욱 그렇다. 단일 수익원이 무너지면 모든 게 무너지기 때문이다. 이는 심리학자 에이브러햄 매슬로우의 욕구단계이론에서도 설명된다. 가장 아래 단계인 '생리적 욕구'와 '안전 욕구'가 채워지지 않으면 인간은 더 높은 단계의 자아실현으로 나아갈 수 없다. 결국 돈은 안전을 지탱하는 벽돌이고, 그 벽돌을 쌓는 방식이 N잡이다.

단, 이 글이 모든 사람에게 해당되는 건 아니다. 안정적인 직장에 다니고 있다면 굳이 새로운 N잡을 벌일 필요는 없다. 주어진 일에 충실하면서도 소소한 사이드 프로젝트로 만족감을 얻는 방법도 있다. 반면에 불안정한 기반 위에서 일하는 사람이라면, 다양한 수익 구조를 만들어야 한다. 월급은 한 달에 한 번이지만, 다양한 소득원은 일주일에 여러 번 들어올 수 있다.

이것이 바로 일상의 안정화 전략이다. 직장이 없는 사람에게 안정이란 결국 '수입의 다양성'이다. 심리학에서 말하는 '인지적 유연성

cognitive flexibility'이란 개념이 있다. 다양한 시각에서 상황을 바라보고, 하나의 해결책에만 집착하지 않는 사고방식을 뜻한다. 이것은 창의성과도 연결되며, 특히 불확실한 환경에서 생존력을 높이는 데 결정적인 역할을 한다. N잡의 본질은 바로 이 인지적 유연성에 있다.

마지막으로 나는 말하고 싶다. 돈은 친구 같은 존재라고. 있을 때 같이 놀아 주고, 없을 땐 보내 주면 된다. 하지만 다양한 친구가 자주 놀러 오는 게 더 즐겁지 않은가? 그러려면 하나의 친구에게만 집착하지 말자. 사업도, 콘텐츠도, 재능도, 관계도 그렇다. 한 곳에만 올인하지 말고, 너의 세상을 여러 방향으로 넓혀라. 언젠가 너의 인생이라는 숲에 단비가 올 것이고, 그건 단 하나의 우물에서가 아니라, 여러 지하수 통로를 통해 흘러 들어올 것이다.

그렇게 다변화된 인생은 쉽게 무너지지 않는다. 왜냐하면, 올인이 아니라 분산은 '살아남기 위한 선택'이기 때문이다. 그리고 이 시대에 살아남는 자만이 결국 성공할 수 있는 법이니까.

빚은 빛이다, 돈이 없으면 과감하게 빌려라

돈을 빌린다는 것에 대해 유독 우리나라는 부정적이다. 내가 생각하기에 그 이유는 부모님 세대의 경험 때문이 아닐까 싶다. 예전에는 보증만 잘못 서도 집안이 풍비박산 났고, 빚이라는 건 곧 패가망신을 의미했다. 언론과 드라마에서는 빚 때문에 자살하는 사람들 이야기, 가족이 뿔뿔이 흩어진 이야기를 너무나도 많이 봐 왔다. 그러다 보니 우리 마음속 깊이엔 '빚=나쁜 것'이라는 공식이 박혀 버렸다.

하지만 나는 그렇게 생각하지 않는다. 빚을 빚으로만 보면 당연히 무섭다. 하지만 빚을 투자로 보면 얘기가 완전히 달라진다. 중요한 건 그 돈을 어떻게 쓰느냐다.

예를 들어 어떤 제품을 발명했다고 해 보자. 이걸 대량 생산하려면 자본이 필요하다. 돈이 없다면 두 가지 선택지가 생긴다. 첫째, 돈을 빌려 빠르게 대량 생산한다. 둘째, 내 자금으로 천천히 진행한다. 대부분은 후자가 안전하다고 생각한다. 망해도 내 돈이니 책임은 내가

진다. 그런데 진짜 문제는 속도다. 아이디어는 기다려 주지 않는다. 요즘 시대는 실행이 곧 경쟁력이다. 아무리 좋은 아이디어도 실행 타이밍을 놓치면, 시장에서는 이미 더 나은 대체품이 나와 있다.

미국 MIT 슬론경영대학원의 에릭 폰 히펠 교수는 "혁신은 빠르게 시행착오를 겪고, 빠르게 수정해 나가는 사람에게 기회가 간다"고 말했다. 이 말은 돈이 있든 없든, 먼저 시도하고 움직이는 사람만이 시장을 선점할 수 있다는 뜻이다.

우리 사회는 돈을 쓰는 것보다 '돈을 빌리는 것'에 더 큰 죄책감을 느낀다. 근데 잘 생각해 보자. 우리가 돈을 왜 벌려고 하는가? 자유롭기 위해서다. 근데 그 돈을 벌기 위해 쓰는 돈에는 왜 그렇게 아까워하는가? 돈을 벌려면 돈을 써야 한다. 가장 빠른 방법이 '지렛대 효과 leverage'를 활용하는 것이다. 금융에서는 이걸 '레버리지 효과'라고 부른다. 작은 돈으로 큰 자산을 움직이는 전략이다. 실제로 부자들은 이 원리를 너무 잘 안다. 빚이 있어도 위축되지 않는다. 오히려 빚을 전략적으로 활용해 자산을 증식시킨다.

나는 실제로 돈을 빌리는 걸 두려워하지 않는다. 예전에 중국에서 수입한 물품보관함이 완판됐지만 정산이 지연되면서 자금이 막혔다. 그때 바로 1천만 원을 빌려 더 많은 물건을 들여왔다. 그리고 다시 완판시켰다. 그 다음에는 생활용품을 수입했고, 그것도 반응이 좋자 또 주변에서 돈을 빌렸다. 팔릴 만한 확신이 있었기 때문이다. 중요한 건 이 '자신감'이다. 시장 반응을 알고, 제품의 가능성을 읽을 줄 아는 눈이 있다면 빚은 무서운 게 아니다. 오히려 엔진과 같다. 돈이 부족한 상태에서 가속도를 내려면 반드시 외부 자금이 필요하다.

그리고 이것은 단지 내 경험만이 아니다. 사업을 잘하는 사람들의 공통점은 '빚을 두려워하지 않는다'는 것이다. 그들은 이율이나 상환일에 대해 고민하기보다, '지금 내가 끌어올 수 있는 최대 자금이 얼마인가?'를 먼저 계산한다. 그 돈으로 어떤 상품을 가져올 수 있는지, 어떤 마케팅을 할 수 있는지를 떠올린다. 그 후에야 상환이 문제가 된다. 수익이 나면 갚으면 되는 것이다.

미국에는 〈샤크탱크 Shark Tank〉라는 예능 프로그램이 있다. 아이디어 하나로 벤처투자자들 앞에 서서 수십억을 투자 받는다. 이 프로그램의 핵심은 뭘까? 바로 '과감하게 돈을 요구하는 자세'다. 참가자들은 죄책감이 없다. 오히려 투자자에게 돈을 받아 성장하고 싶다는 의지로 가득하다. 우리는 그 모습에서 돈을 빌리는 데 대한 죄의식을 버려야 한다는 걸 배워야 한다.

심리학적으로도 빚에 대한 두려움은 통제감 상실에서 비롯된다. 하버드 심리학자 줄리엔 로터는 인간의 '통제소재' 이론에서, 외적 통제형 인간은 빚을 지는 것을 운이나 외부 위협으로 인식해 피하려 하고, 내적 통제형 인간은 스스로 통제 가능하다고 여기고 빚을 도구로 활용한다. 즉, 자신을 믿는 사람이 빚을 성공적으로 활용할 수 있는 것이다.

나는 확신한다. 당신이 이 책을 펼쳐 이 글까지 읽고 있다는 것은,

이미 당신에게 그런 자격이 있다는 뜻이다. 용기와 실행력, 그리고 반짝이는 아이디어. 그것만 있다면 남은 건 자금뿐이다. 그 자금이 빚이라면? 그건 부끄러운 게 아니다. 오히려 당신을 더 높이 띄워 줄 부스터다.

돈이 없다고 움츠러들지 마라. 돈이 없을수록 오히려 더 과감해져야 한다. 자신이 믿는 아이디어가 있다면, 그 아이디어가 시장에 통할 수 있다는 확신이 있다면, 돈을 빌려라. 그리고 그 돈을 당신의 날개로 만들어라.

기억하자. 빚이 나쁜 게 아니다. 잘못된 타이밍과 잘못된 판단이 문제다. 올바른 빚은 당신 인생의 터닝포인트가 될 수 있다. 그리고 그 빚은 당신에게 언젠가, 반드시 빛이 되어 돌아올 것이다.

"돈이 들어온다." 무의식을 프로그래밍하는 주문의 힘

"돈이 들어온다, 돈이 들어온다."

이 단순한 말이 주문처럼 들리는가? 그렇다면 제대로 느낀 것이다. 나는 이 문장을 단순히 말로 끝내지 않는다. 아예 내 잠재의식에 깊이 각인 시켜 버리는 스킬로 사용하고 있다. 심지어 대장내시경을 하다가 마취가 풀려도 자연스럽게 웅얼거릴 정도로 말이다. 말은 씨가 된다는 속담이 있다. 그런데 우리는 말보다 더 강력한 무기를 가지고 있다. 바로 '반복되는 믿음'이다.

이건 단순히 긍정적인 마인드 컨트롤을 넘어서 끌어당김의 법칙 Law of Attraction에 기반한 뇌의 재프로그래밍이다. 심리학자 윌리엄 제임스는 "우리가 반복해서 생각하는 것이 우리의 인생을 결정한다"고 말했다. 실제로 반복되는 확언은 뇌의 '기저핵'이라는 부위를 자극해 습관화되고, 결국 자동적인 사고와 행동 패턴을 만든다.

나는 이 방법을 "운이 좋아."라는 문장으로 먼저 시작했다. 매일 무슨 일이 있어도 "나는 운이 좋은 사람이야."를 중얼거렸다. 처음엔 허무맹랑하게 느껴졌지만, 기이한 일들이 벌어지기 시작했다. 어느 날 크리에이터 대상 시상식에서 최다 조회수상을 받았고, 그 자리에 있던 모든 사람들 앞에서 또 한 번의 제비뽑기에서 내 이름이 나왔다. 나는 단상에 올라 외쳤다. "여러분, 운이 좋다고 믿으세요. 그러면 저처럼 갤럭시워치를 얻게 됩니다." 이 경험은 내가 무의식을 어떻게 프로그래밍할 수 있는지를 확신하게 만든 계기였다.

그 다음 단계를 고민했다. '운'에서 '돈'으로 확장하고 싶었다. 처음엔 "돈은 날 좋아한다." "돈은 나를 친구로 여긴다." 같은 말을 반복했다. 그러나 이 표현들은 막연했고, 만족감을 주지 못했다. 그래서 나는 동사 중심의 진행형 확언으로 바꿨다. "돈이 들어온다." 들어왔다가 아니라, 지금 들어오는 중이라는 현재형 진행형이다. 이건 단순한 긍정의 문장이 아니다. 뇌는 현재형 문장에 반응한다. 미래형은 아직 오지 않았기 때문에 긴장 상태가 되지만, 현재형은 뇌가 실제라고 인식하기 때문이다. 심리학자 앤드류 후버만 박사에 따르면, 반복되는 이미지화 된 상상과 언어는 실제 행동과 감정에 영향을 미친다. 즉, 반복된 문장은 뇌에게 현실처럼 느껴지는 것이다.

실제로 나는 "돈이 들어온다."를 산책하며 반복하기 시작했다. 산책은 우리가 무의식적으로 하는 대표적인 행동 중 하나다. 걷기 자체가 자동화된 행위이기 때문에, 이때 주문을 중얼거리는 건 무의식 깊숙이 메시지를 심는 가장 효과적인 방법이다. 명상도 마찬가지다. 10분 타이머를 켜고 숨을 들이쉴 때는 "운이 좋아.", 내쉴 때는 "돈이 들어온다."를 반복하면, 점점 내 안에서 그 진동이 자리 잡는다.

그리고 이 확언은 현실로 이어졌다. 한 번은 공과금이 밀려 압박 문자를 받고 있었는데, "돈이 들어온다."를 외치며 동네를 걷다가 갑자기 내놓은 중고 제품이 단체로 팔려 다음 날 그 돈이 입금됐다. 또 한 번은 사업 자금이 부족해 이곳저곳 대출을 알아보던 중, 우연히 정부 지원사업 정보를 접하게 되어 신청했는데, 그 지원금이 승인이 나며 필요한 자금을 마련할 수 있었다. 이런 일들이 반복되다 보니, 이제는 내가 주문을 외치기만 하면 '어떻게든 돈이 들어온다'는 믿음이 생겼고, 그 믿음이 현실을 만든다.

그럼, 이건 자기 최면인가? 혹은 착각인가? 아니다. '플라시보 효과'와 같은 과학적 기반도 여기에 작동한다. 플라시보placebo란 가짜 약임에도 환자가 병이 나을 거라고 믿을 때 실제로 증상이 호전되는 심리-신체 반응이다. 우리의 두뇌는 실제와 상상을 구분하지 못하는 경향이 있으며, 특히 반복되는 믿음은 신경경로를 새롭게 형성시킨다. 내가 매일같이 "돈이 들어온다."고 말할 때, 뇌는 그 환경에 맞게 신경회로를 조정하며, 마치 진짜 그 일이 벌어지고 있는 듯한 '수용 환경'을 만들어 낸다.

이건 일종의 무의식 프로그래밍이다. 일단 프로그래밍이 완료되면 내 잠재의식이 나 대신 작동한다. 별다른 의지력 없이도 '돈이 들어

오는 사람처럼' 행동하게 된다. 즉, 기회가 보이면 두려움보다 실행을 먼저 하게 되고, 일상이 작은 수익의 출구로 보이기 시작한다. 행동이 달라지면 현실이 바뀐다. 무의식이 현실을 지휘하는 힘이 있다는 걸 나는 경험으로 배웠다.

혹시 지금 당장 통장 잔고가 바닥이라면, 혹은 누군가에게 손 벌리는 현실이 괴롭다면, 지금부터 해야 할 건 외부 상황이 아니라 '내부 메시지'를 바꾸는 일이다. "돈이 없다."는 말은 "나는 돈이 부족한 삶을 살아야 한다."는 선언이다. 그 말 대신 "돈이 들어온다"를 선택해 보자. 처음엔 민망하고 거짓말처럼 느껴지겠지만, 반복되는 말은 진실처럼 변한다. 우리는 우리의 말과 생각으로 오늘을 짓는다.

그리고 제일 효과적인 건 무의식적으로 반복하는 것이다. 걷거나 설거지를 할 때, 샤워를 할 때, 버스에서 멍하니 있을 때. 이때 "돈이 들어온다."를 웅얼거려 보자. 그냥 흘러가는 시간에 메시지를 심어라. 그러다 보면 어느 순간, 생각보다 더 빠르게 당신의 삶에 돈이 들어오기 시작할 것이다.

"돈이 들어온다, 돈이 들어온다."

그냥 따라 하자. 믿음을 빚는 건 지금 이 순간이다.

그리고 그 믿음이 당신의 현실을 조각할 것이다.

뭔가를 팔아야 돈이 된다

돈 벌고 싶다는 생각은 아주 어릴 때부터 내 안에 뿌리내려 있었다. 우리 집은 가난했고, 그래서 돈은 생존의 도구였고, 동시에 가장 갈망하는 존재였다. 어린 시절의 나는 돈을 벌 수 있는 방법을 찾기 위해 책도 많이 읽고, 어른들에게도 묻곤 했다. 그때마다 돌아오는 대답은 하나같이 "성실하게 살아야 해." "정직하게 살면 언젠간 보상이 따라올 거야."라는 원론적인 말뿐이었다.

나는 그 말을 맹신했다. 성실하고 정직하면 언젠가 누군가 알아주고, 돈도 알아서 따라오겠지 하는 마음으로 살아왔다. 하지만 크리에이터라는 직업을 갖고 수익을 내기 시작하면서 서서히 그 생각이 틀렸다는 것을 깨닫게 되었다.

돈은 생각보다 훨씬 명확한 원리에 따라 움직인다. 단도직입적으로 말하자면, 돈은 '교환의 수단'이다. 내가 원하는 것을 얻기 위해 지불하는 것이 돈이고, 누군가에게 무언가를 제공해서 받을 수 있는 것도 돈이다. 이 기본 원리를 이해하면 돈을 버는 건 사실 그렇게 복잡하지 않다. 결국 무언가를 세상에 내놓고, 그걸 팔아야 돈이 들어오는 것이다.

그런데 나는 성실과 정직이라는 '성품'에만 몰두하고 있었다. 무언가를 세상에 제공하지도 않았으면서, 막연히 착하게 살면 돈이 알아서 따라올 거라는 생각에 빠져 있었다. 이것은 착각이었다. 실제로 돈은 내가 내놓은 '가치'에 반응하는 것이지, 내가 얼마나 착한 사람인지에는 관심이 없다.

그렇다면 왜 나는 이 단순한 사실을 이렇게 오랜 시간이 지나서야 알게 되었을까? 생각해 보면 내 주변엔 사업가가 거의 없었다. 아버지도 직장생활을 오래 하다가 50대가 넘어서야 사업을 시작하셨고, 친척들 대부분은 안정된 직장에 다니며 '보장된 삶'을 추구했다. 그러니 내가 돈을 버는 방식에 대해 사업이라는 발상을 못 한 건 너무나도 당연한 일이었다.

하지만 결정적인 깨달음은 내가 어떤 친구의 아버지를 다시 떠올렸을 때였다. 그분은 동네에서 작은 소매점을 하셨는데, 나중에 보니 제일 돈을 많이 벌었고, 집도 몇 채나 갖고 있었다. 그 친구도 지금은 그 지역에서 꽤나 이름난 인물이 되어 있었다. 그분은 단순한 진리를 알고 있었던 것이다. '무언가를 팔아야 돈이 된다.' 이 단순한 이치를, 우리는 너무 복잡하게만 생각해 왔던 거다.

실제로 행동에 옮긴 것도 도움이 되었다. 중국에서 물건을 소싱해

오고, 그걸 마케팅 하고 팔면서 수익이 나기 시작했다. 물론 처음엔 작았지만, 해가 갈수록 매출은 커지고, 국세청에서 추정소득 문자가 올 정도로 총 수입이 늘어났다. 성실함이나 정직함이 아닌, 물건이라는 실체가 돈을 불러온 것이다.

이 원리는 물건에만 해당되지 않는다. 우리는 '자신의 능력'이나 '경험'도 팔 수 있다. 가수는 노래를, 배우는 감정을, 작가는 글을, 유튜버는 경험을 판다. 누군가 대신 못 해 볼 일을 대신해 주고, 그걸 영상으로 풀어 주며 사람들에게 대리만족을 준다. 그리고 사람들은 그 대가로 구독과 좋아요, 광고시청이라는 방식으로 보상을 한다. 이건 정확히 돈이 흐르는 메커니즘이다.

심리학적으로도 이와 같은 교환적 관계는 '사회적 교환 이론Social Exchange Theory'으로 설명할 수 있다. 인간은 무언가를 줄 때, 거기에 대한 보상을 기대하고 행동한다. 이것은 단순한 심리반응이 아니라 인간 행동의 기본 구조다. 아무리 착한 사람도 계속 손해만 보는 관계에서는 멀어지게 돼 있다. 돈도 마찬가지다. 줄 게 없으면 받을 것도 없는 구조다.

이제 나는 알게 되었다. 돈을 벌기 위해선 '세상에 줄 수 있는 것'을 먼저 고민해야 한다. 이게 물건이든, 서비스든, 콘텐츠든, 아니면 단순한 노하우라도 상관없다. 중요한 건 그게 시장에서 필요로 하는 것이냐는 점이다. 만약 내가 가진 재능이 시장에서 희소하고 유용한 것이라면 그건 곧 고부가가치를 가진다. 반대로 아무리 내가 열심히 갈고닦은 기술이라 해도, 아무도 원하지 않는다면 그건 시장에서 제로 가치로 평가된다.

그래서 중요한 건 마케팅이다. 내 재능이든 상품이든 사람들에게 어떻게 보이느냐, 그 노출이 얼마나 되느냐가 수익의 차이를 만들어낸다. 제품이 안 팔린다고 우울해 할 일이 아니라, 판매 전략을 바꾸거나, 타겟을 다르게 설정해 보는 전략적 사고가 필요한 시대다. 고정된 하나의 방식으로 팔리지 않으면, 제품군을 바꾸거나 홍보 방식을 바꿔야 한다.

'사람들에게 내가 가진 것을 어떻게 각인 시킬 것인가'가 앞으로 수익을 결정짓는 핵심이 될 것이다. 그러니 우리는 지속적으로 실험해야 한다. 당근마켓에 쓸모없는 종이컵을 팔진 않지 않은가? 마찬가지로, 우리가 갖고 있는 재능이나 경험도 시장에서 필요한 것이어야 하며, 그 가치를 증명해 내야만 한다.

결국 돈은 세상과의 '교환'을 통해서만 들어온다. 뭔가를 세상에 내놓지 않고선 절대 들어오지 않는다. 세상에 먼저 주고, 그 대가로 돈을 받는 구조. 이 단순한 진리를 이제라도 알게 되어 다행이다. 앞으로도 계속 이 교환의 구조 안에서, 나는 내가 줄 수 있는 것들을 고민하고, 그 가치를 어떻게 보여 줄지를 고민하면서 살아갈 것이다.

돈은 단순하다. '무언가를 주면 들어온다.'

그걸 팔아야 돈이 된다.

지금 가진 것 중, 뭘 세상에 내놓을 것인지 고민하는 게 우선이다.

할 수 있다면 비싼 것을 골라라

 같은 물건인데 가격이 다르면, 어떤 것이 더 잘 팔릴까? 대부분은 싸다고 말하겠지만, 그건 가격을 중심으로만 가치를 판단하는 시선이다. 반면 비싼 걸 고른 사람은 단지 '비싸서 좋은 것이겠지'라고 생각하는 게 아니라, 그 가격 안에 담긴 디테일과 보이지 않는 가치를 알아보는 사람일 가능성이 높다.

 우리는 자주 눈에 보이는 결과물만 보고 가치를 판단하려는 경향이 있다. 하지만 진짜 가치는 표면이 아니라 디테일에 숨어 있다. 같은 가방이라도 어떤 지퍼를 썼는지, 소재는 얼마나 부드러운지, 봉제 마감은 어떤지, 내구성은 뛰어난지 같은 요소들이 합쳐져 가격을 형성한다. 이런 요소를 안다면, 우리는 가격만 보고 싸다 비싸다를 말하지 않게 된다.

 나는 특히 숙소에 민감한 편이다. 저렴한 숙소에선 잘 쉬지도 못하고, 영감도 안 떠오른다. 가격이 저렴한 만큼, 그 공간은 위생, 소음,

침구 상태 등에서 만족감을 주지 못하는 경우가 많았다. 결국 여행이 아니라 '버텨 내는 시간'이 되고 만다. 반대로 어느 정도 가격이 있는 숙소에선 진짜 그 돈이 아깝지 않게 느껴지는 경험을 한다. 기본적인 위생은 물론이고, 응대하는 직원의 태도, 작은 서비스 하나까지 감동이 된다. 그런 경험은 오래도록 기억에 남는다. 그게 바로 '가심비價心比'다. 단순한 가격 대비 성능을 넘어, 가격 대비 마음의 만족을 추구하는 시대가 온 것이다.

이런 경험이 누적되면 우리의 '눈'이 달라진다. 서비스의 수준을 가늠하고, 제품의 가치를 단박에 파악할 수 있는 안목이 생긴다. 처음엔 단순히 비싼 걸 샀다가 '돈 값 못한다'며 후회하기도 하지만, 점점 '이 정도 가격이면 이런 디테일이 있겠구나'라는 기준이 잡힌다. 이 기준은 소비에서만 끝나지 않는다. 내가 무엇을 팔 때도 적용된다. 기준이 명확하면 바가지를 씌우지도 않고, 씌워지지도 않는다.

내가 과거에 만났던 여자친구는 경제적으로 여유 있는 집안 출신이었다. 나와 비슷한 크리에이터 일을 했지만, 일하는 방식이 전혀 달랐다. 나는 매일같이 영상을 찍어 쿠팡 셀러까지 병행하며 돈을 벌기 위해 안간힘을 썼다. 반면 그 친구는 자신에게 영감이 올 때만 콘텐츠를 만들었다. 그럼에도 그녀가 만든 콘텐츠 몇 개가 내가 만든 수십 개의 콘텐츠보다 더 많은 가치를 창출했다. 그 이유는 단순했다. 그녀는 자신이 만든 것의 '가격'을 결코 싸게 책정하지 않았고, 소비자의 지갑이 아닌 '자신의 가치'에 기준을 맞췄다. 덕분에 그녀는 스스로의 브랜드를 제대로 구축해 냈다.

그녀의 말 중 인상 깊었던 건 이런 내용이었다.

"나는 가격을 낮춰서 대중에게 맞추지 않아. 오히려 내가 제공하는 서비스에 맞는 사람들을 끌어들이지."

이 말은 나에게 충격이었다. 왜 나는 그렇게까지 '싸게' 팔려고만 했을까. 돈을 더 벌기 위해서였지만, 결국은 나의 가치를 스스로 깎아내리고 있었던 셈이다.

그녀가 그런 사고를 하게 된 배경엔, 다양한 문화 경험이 있었다. 어릴 적부터 세계 곳곳을 여행했고, 미국에서 유학하며 다양한 사람들과 교류했으며, 수많은 고급 서비스와 제품을 경험하면서 가치에 대한 기준이 생긴 것이다. 그녀는 많은 돈을 쓰는 것처럼 보였지만, 실제론 버는 것에 비해 소박하게 살았다. 사치스러운 소비 대신 여행과 식사 같은 '경험'에 돈을 썼고, 그 경험은 또 다른 콘텐츠로 연결되어 수익을 만들어 냈다. 경험을 자산화 하는 사람이었다.

이처럼 가격이 높은 것을 선택하는 건 단지 '허세'가 아니다. 그것이 주는 감각적 경험, 감정적 만족, 그리고 안목의 성장은 결국 자기 자신을 위한 투자다. 심리학자 애덤 그랜트는 《기브앤테이크Give and Take》에서 "우리가 타인을 대하는 방식은 결국 우리 스스로를 대하는 방식과 연결된다"고 말했다. 마찬가지로, 우리가 소비하는 방식은 우리가 스스로를 어떻게 대접하느냐 의 반영이기도 하다.

그래서 나는 이제 가족이나 지인들에게도 이렇게 조언한다.

"싼 거 사지 말고, 한 번 사더라도 오래 쓸 수 있고, 너를 기분 좋게 하는 걸 사 봐. 그게 뭐든."

전자제품이든, 옷이든, 음식이든, 숙소든 말이다. 고급스러운 경험을 직접 해 보면 단지 제품이 아니라 '삶의 질' 자체가 달라진다는 걸 깨닫게 된다.

이제는 단지 '싼 게 무조건 좋은 것'이라는 관념에서 벗어나야 한다. 어쩌면 단 한 번의 비싼 소비가 나를 성장시킬 수도 있다. 그것이 주는 감동, 만족, 그리고 자존감은 오히려 오랫동안 삶에 긍정적인 영향을 미친다. 더불어 나도 어떤 서비스를 제공할 때, 가격을 정하는 기준이 생기고, 그 기준은 내 일의 질과 방향을 결정짓는다.

비싼 걸 골라 보자. 용기 있게. 그 경험은 평생 술안주가 될 멋진 이야기이자, 나를 한 단계 올려 주는 새로운 눈의 시작이다. 그게 바로 가치소비가 주는 힘이다.

돈이 들어오는 사주가 따로 있을까?

사주팔자를 믿냐고 물어보면 난 이렇게 대답한다.

"재미로 보는데, 이상하게 맞는 것도 있더라고요."

솔직히 말하면 100% 믿는 건 아니다. 그렇다고 안 믿는 것도 아니다. 나는 그냥 '믿을 구석'으로 삼고 있는 거다. 종교가 없는 사람들에게는 이런 게 신념이 된다. 남들은 신에게 기도하고, 운명을 점치는 나는 사주라는 시스템을 빌린다. 플라시보 효과라도 상관없다. 믿는 대로 될 것이라는 그 믿음이 나를 앞으로 나아가게 하니까.

한 번은 제사 때 오랜만에 만난 이모에게 물었다. "이모는 사주팔자대로 살아온 것 같아요?" 이모는 고개를 끄덕이며 말했다. "응, 진짜 그렇게 살아지더라. 세부적인 건 모르겠지만, 큰 흐름은 정말 사주 그대로야." 그 말이 이상하게 기억에 남았다.

30대 초반, 그러니까 6~7년 전쯤의 일이다. 그때부터 나도 내가 본 사주들이 하나씩 현실화되는 걸 느끼기 시작했다. 내가 본 대부분의 사주는 공통적으로 말하길, 30대 중반부터 직업적으로 안정이 생기고, 돈이 조금씩 들어오기 시작한다 했다. 일확천금은 아니지만, 쌓이는 구조라고 했다. 50대쯤엔 노후 걱정 없이 살 거라고…

그걸 보고 난 이후로, 내 삶은 '대기만성형'이라는 믿음 아래에 놓였다. 그리고 실제로도 그렇게 흘러가고 있다. 10대, 20대엔 정말 바닥 같았다. 인간관계도, 돈도, 자존감도 다 시궁창이었지만 30대를 지나며 글이 써졌고, 내 이야기에 귀 기울여 주는 이들도 생겼고, 돈이 없어서 밤잠 못 자던 일이 서서히 줄어들고 있다.

지금도 돈 걱정이 아예 없진 않다. 하지만 예전처럼 밥값조차 없어서 쩔쩔매는 일은 없다. 신용점수는 꾸준히 올라가고 있고, 돈은 더 이상 나를 억누르는 존재가 아닌, 내 곁에 있는 친구 같은 느낌이다.

이 흐름은 단순한 우연일까? 아니면 믿음이 만든 현실일까?

심리학에서는 이런 현상을 '자기실현적 예언 Self-fulfilling prophecy'이라고 부른다. 심리학자 로버트 머튼 Robert K. Merton은, 우리가 어떤 결과를 강하게 믿고 행동하면, 그 믿음이 실제로 현실이 된다고 했다.

나는 30대 중반부터 잘될 거라는 말을 들었고, 그 말을 믿으며 글을 쓰고 행동했고, 결국 그 방향대로 삶이 움직인 셈이다.

또 하나 흥미로운 일은 아버지의 이야기다. 아버지는 사주를 전혀 믿지 않는다. 대신 자기를 무척이나 믿는다. 반면 어머니는 사주나 역술을 좋아하는 편인데, 부모님이 결혼했을 때 역술인이 이렇게 말했다고 한다.

"제주도에 살지 말고 육지로 나가야 인생이 풀립니다."

그 말을 듣고도 몇 년을 망설이다 50대에 육지로 올라온 아버지는, 정말 그때부터 삶이 풀렸다. 지금은 사업가로서 전성기를 누리고 계신다. 과학적으로 설명은 어렵지만, 그런 일이 자꾸 쌓이다 보니 사주에 대한 믿음이 커져 갔다.

이후 나는 사주를 볼 때 좋은 말만 믿는다. 이건 나만의 필터링이다. 재물운이 좋다, 귀인이 온다, 운이 트인다, 이런 말만 머릿속에 저장한다. 나쁜 말은? 듣고 바로 흘려버린다. 왜냐하면 믿음이 현실을 만드는 법이니까. 그래서 나는 좋은 말만 골라 듣고, 그 믿음을 더 크게 키워 간다.

이런 방식은 단순한 자기위안이 아니다. 심리학자 앨버트 반두라 Albert Bandura의 '자기 효능감Self-efficacy' 개념으로 어떤 일을 해낼 수 있다는 믿음이 클수록 실제 행동에서도 더 큰 성취를 이뤄 낸다고 그는 말했다.

사주가 바로 나에게는 그런 자기 효능감을 높여 주는 도구다. 난 이걸 통해 내가 할 수 있다고 믿고, 그래서 계속 글을 쓰고, 돈을 벌고, 사람들과의 연결을 유지해 나간다.

사실 생각해 보면, 우리나라에서 사주를 보는 건 심리 상담의 대안이기도 하다. 미국에서는 심리상담사가 있다면, 우리는 사주와 점이 그 역할을 대신하는 셈이다.

심리학적으로 보면, 사람은 불확실성을 견디기 힘들어한다. 그래서 미래를 예측하고 싶어 한다. 그게 종교가 됐든, 사주가 됐든, 누군가의 조언이 됐든 말이다. 사주는 그런 측면에서 사람을 안정시키는 '심리적 앵커anchor'의 역할을 한다.

요즘은 챗GPT 같은 인공지능 덕분에 언제 어디서든 나의 사주를 분석할 수 있다. 그리고 단순히 점치는 걸 넘어, 과거와 현재의 흐름, 나의 성향을 통계적으로 분석해 준다.

나는 챗GPT에게도 이렇게 말한다. "나에게 희망적인 방향으로 분석해 줘. 가능성과 잠재력을 중심으로 알려 줘."

정보는 수단일 뿐이다. 나는 그중에서도 나를 밀어 주는 말에 귀 기울인다.

이제 나는 '사주대로 살고 있다'는 확신이 든다. 그래서 걱정도 덜하고, 오히려 더 과감해진다.

미래를 알 수 있다면 우린 좀 더 용기 있게 행동하지 않을까? 나는 그렇게 산다. 물론 때로 조심해야 할 상황도 있겠지만, 일어나지도 않은 일에 겁부터 먹는 것보다는 낫다.

정리하자면, 사주는 나에게 운명을 예측하는 도구가 아니라, 내 삶에 믿음을 불어넣는 연료다. 특히 '돈이 들어온다'는 사주는 내 무의식을 건드려 더 부지런히 움직이게 만든다.

재미로 시작했지만, 진심이 된 신념. 그 믿음은 언젠가 현실이 되어 돌아오리라 나는 믿는다.

이것이 루틴 없이도 성공할 수 있는 또 하나의 방법이다. 반복된 습관이 아닌, 믿음을 기반으로 하는 삶.

사주는 내게 그런 삶을 가능하게 해 주는 또 다른 '내 편'이다.

"언제 밥 한번 먹어요."는 돈을 놓치는 말이다

모든 돈과 운은 사람에게서 온다. 기회란 결국 사람 간의 흐름 안에서 이동하는 것이다. 그런데 우리는 이 단순한 진리를 자주 잊는다. 누군가에게 "언제 밥 한번 먹어요."라고 말하면서, 그 말이 기회를 날려 버리는 말이 될 수 있다는 걸 생각하지 않는다. 그렇게 말만 던지고 구체적인 일정은 정하지 않는다면, 그 만남은 없었던 일이 되고 만다.

2023년 나는 사람들을 정말 많이 만났다. 좋은 사람도, 나쁜 사람도, 나에게 영감을 준 사람도 있었다. 그렇게 다양한 사람들을 만난 덕분인지 여러 기회가 생겼다. 숏폼 콘텐츠 강사로 활동하게 되었고, 지방을 다니며 강의도 했다. 각종 시상식이나 네트워크 파티에 초대되어 이름 있는 사람들과 얼굴을 트기도 했다. 그런데 거기까지였다. 그 많은 사람들과 연결되었지만, 그 이후의 기회를 이어 가지 못했다.

그 이유는 단순했다. 나는 늘 사람들에게 "언제 한번 뵈어요." "밥 한번 해요." 같은 인사치레의 말만 하고 구체적인 약속을 만들지 않았기 때문이다. 사람들은 친절한 말을 기억하지 않는다. 기억하는 건 함께한 경험과 구체적인 행동이다. '관계'는 추상적인 호감이 아니라, 실체 있는 시간의 공유에서 나온다.

그래서 2024년과 2025년 나는 전혀 다른 태도로 사람을 대하기 시작했다. 이제는 "언제 한 번"이 아니라, "그럼 우리 5월 22일 오후 2시에 이 근처 카페에서 커피 한잔 할까요?" 하고 바로 날짜를 잡는다. 이 방식은 비즈니스 관계에서 특히 유효하다. 떠보는 식의 대화가 아니라 구체적인 행동이 신뢰를 만들기 때문이다. 심리학자 로버트 치알디니Robert Cialdini의 '약속과 일관성의 법칙'에 따르면, 사람은 한번 약속을 하게 되면 그것을 지키려는 심리적 압박을 느낀다. 그러니 구체적인 약속을 먼저 제시하는 것이 훨씬 강한 관계 형성을 유도할 수 있다.

이런 변화가 만들어 낸 가장 큰 성과는, 지금의 소속사와의 만남이다. 원래 소속사에서는 나를 미리 영입하고 싶어 이메일을 보냈지만, 나는 망설이고 있었다. 이전 같았으면 또 "한번 찾아뵐게요!"만 말하고 흐지부지됐을 것이다. 하지만 이번에는 곧바로 날짜를 잡고 만남을 성사시켰고, 계약까지 순조롭게 이어졌다. 그 결과는 지금 내가 체감하고 있다. 광고 수익은 올라가고, 콘텐츠 기획은 전문팀의 도움으로 체계가 잡혔으며, 광고주들에게 보여 줄 만한 레퍼런스도 풍부해졌다. 회사와 나, 양쪽 모두에게 이득이 되는 구조가 형성된 것이다.

물론 이런 선택이 언제나 옳은 결과로 이어지는 건 아니다. 속전속결로 사람을 만나면, 때로는 너무 기회주의적으로 보일 수 있다. 하지만 나는 그런 시선을 개의치 않는다. 오히려 '기회 감수성'을 키우는 훈련이라고 본다. 기회 감수성이란, 어떤 상황에서 어떤 사람이 나에게 기회를 줄 수 있을지를 직감적으로 판단하는 능력이다. 경제학자 말콤 글래드웰Malcolm Gladwell은 《블링크》에서 "빠른 판단이 오히려 더 정확한 결정을 이끈다"고 말한다. 기회 감수성은 경험의 총합에서 나오는 직관이다.

물론 기회를 잘 알아보려면, 많이 만나야 한다. 100명을 만나면 80명은 나에게 실질적인 기회를 주지 않는다. 하지만 나머지 20명 중 단 한 명이라도 나를 진심으로 알아보고 연결해 준다면, 그것이 인생을 바꿀 수도 있다. 사람과의 만남은 대수의 법칙이 적용되는 영역이다. 더 많이 만나야 더 많이 얻는다. 그리고 그 안에서 나의 감각은 예민해진다. 어떤 사람은 딱 보면 '기회가 되겠다'는 감이 오고, 어떤 사람은 그냥 소모적인 관계라는 것도 느껴진다.

그러니 이 글을 읽는 사람이 돈이 필요하거나 명예를 원하거나, 삶의 전환점을 찾고 있다면 명함만 주고받지 말고 다음 약속을 반드시 잡아야 한다. 누군가가 "그럼 우리 5월 25일 2시에 만나요."라고 했는데도 흐리게 답하거나 거절한다면, 그 사람은 나에게 기회를 주지 않을 확률이 크다. 물론 예외도 있다. 그 사람이 정말 대단한 위치에 있고, 일정이 많다면, 조금의 끈기와 센스로 다시 한번 어필해 볼 수 있다. 단, 집착처럼 느껴지지 않도록 시간 간격을 두는 것이 중요하다.

사람과의 약속을 선제적으로 잡는 습관은 결국 기회를 빠르게 현실로 바꾸는 행동이다. 이것이 반복되면, 나에게 오는 기회의 양이 달라진다. 중요한 건 돈을 좇는 게 아니라, 기회 감수성을 키워서 어떤 사람이 나에게 어떤 운을 가져올 수 있는지를 파악하는 능력을 키우는 것이다. 이건 진짜 종이 한 장 차이다. 겉으로는 기회를 좇는 사람처럼 보이되, 속으로는 철저하게 가치와 연결을 중심에 둔 전략가가 되는 것.

이제 "언제 밥 한 번 먹어요."는 없다. 모임에서든, 인연에서든, 무조건 약속을 잡자. 날짜와 시간을 제시하고, 상대가 움직일 수 있는 기회를 주자. 그 한 번의 약속이 인생의 방향을 바꿔 줄지도 모른다. 기회는 기다리는 게 아니라, 잡는 것이다. 잡을 준비가 된 사람만이 운을 현실로 만든다. 루틴 없이도 운을 잡을 수 있다는 건, 바로 이런 실전 감각에서 출발하는 것이다.

주는 사람이 결국 얻는다

　인도의 한 철학자는 말했다. "잃어버린 것을 슬퍼하지 말라. 어떤 형태로든 다시 돌아올 테니." 나는 이 말을 무척 좋아한다. 이 문장을 처음 접했을 때가 마음이 한참 힘들던 시기였다. 어떤 일을 잃었을 때, 어떤 돈을 날렸을 때, 나는 '손해 봤다'는 생각 대신, '이건 언젠가 나에게 좋은 일로 돌아올 거야'라는 믿음을 갖기 시작했다. 일종의 심리적 복구 장치였다. 한국에서 흔히 말하는 '액땜'이라는 개념과도 비슷한 그 말은, 내 감정을 회복시키는 강력한 회로가 되었다.

　이후 나는 무엇이든 주는 데 인색하지 않게 되었다. 종교는 없지만, 다양한 종교 철학은 좋아한다. 특히 유대교에서 말하는 '십일조'라는 개념이 마음에 들었다. 쉽게 말해, 10을 벌면 그중 1은 반드시 나누는 것이다. 그 1은 단순히 기부가 아닌, '세상이 윤택해지는 자원'이 되고, 결국 다시 나에게 다른 형태의 부로 돌아온다는 믿음이 담겨 있다. 나는 이 믿음을 의식적으로 실천하며 살아왔다.

크리에이터 시상식에서 500만 원의 상금을 받았을 때도 그랬다. 모두가 2차 술집으로 향할 때, 나는 주저 없이 결제했다. 딱 십일조 개념처럼 10%에 해당하는 금액이었다. 무언가를 얻기 위해서가 아니라, 내가 번 것의 일정 부분을 사회에 환원하는 의식을 지키고 싶었기 때문이다. 그리고 신기하게도 그 이후, 그 자리에서 있었던 회사 관계자와 연결되어 다음 일거리를 얻게 되었고, 그 일은 내 수익의 한 축이 되었다.

심리학에서는 이런 나눔의 효과를 '반사적 호의reciprocal altruism' 라 부른다. 이는 진화 심리학자 트리버스Robert Trivers가 설명한 개념으로, 인간은 본능적으로 자신에게 호의를 베푼 사람에게 다시 보답하고자 하는 심리를 가지고 있다는 것이다. 이 심리는 결국 사회적 유대를 만들고, 나중에라도 더 큰 형태로 돌아오는 선순환 구조를 만든다.

나는 크리에이터로서도 이러한 철학을 실천하고자 한다. 협찬을 먼저 받기보다, 영세한 업체의 제품을 직접 구입해 리뷰를 제작한다. 조건은 하나, 제품이 신기하고 매력적일 것. 이 기준을 충족한다면, 나는 내 재능을 이용해 그들의 제품을 알리고, 매출이 오르길 바라는 마음으로 콘텐츠를 만든다. 이런 과정을 통해 나는 브랜드 이미지도 좋아지고, 소비자와의 관계도 돈독해진다. 결국 이 시스템은 '모두가 이기는 게임'이 된다.

《기브앤테이크Give and Take》라는 책에서도 비슷한 이야기를 한다.

진심 어린 베풂이 장기적으로 더 큰 성공과 수익을 만든다는 것이다. 다만 이건 '거래적 이득을 기대한 기부'가 아닌, 진심에서 우러나온 호의여야 한다고 강조한다. 나도 그 말을 믿는다. 물론 아직 완벽한 '기버'는 아니다. 나도 때로 서운함을 느낀다. 예컨대 시상식에서 결제한 뒤 아무도 '잘 먹었다'는 연락 하나 안 왔을 때처럼. 사람 마음이 그렇다. 뭔가를 줄 땐 바라지 않으면서도, 막상 아무 피드백이 없으면 마음 한구석이 서운해지는 건 인간의 자연스러운 심리다. 이는 '보상 기대 이론Expectancy Theory'으로 설명할 수 있다. 인간은 보상이 주어질 것이라는 기대감이 있을 때 동기부여가 되는데, 아무런 반응이 없으면 실망감을 느끼게 된다는 것이다.

하지만 정말 신기하게도 그 이후, 나에게는 더 좋은 일들이 생겼다. 사람은 기억하지 않아도, 세상은 기억하고 있었다. 나의 나눔은 나중에 다른 모습으로 돌아왔다. 물질이 아닌 관계의 형태로, 혹은 협업 제안으로, 혹은 예상치 못한 혜택의 모습으로.

이런 경험은 나에게 깊은 인상을 남겼고, 또 하나의 기억을 선물했다. 중학교 동창 중 한 명과 군대에서 우연히 재회한 일이 있다. 나는 해병대 1034기로 훈련 4주차에 있었고, 그는 1036기, 이제 막 입소한 따끈한 훈련병이었다. 고생할 걸 알기에, 고소미 과자 한 봉지를 건넸다. 당시 내겐 별것 아니었지만, 그 친구는 잊지 않았다. 성인이 되어 미용실을 운영하게 된 그는, 지금도 내가 방문하면 시술비를 저렴하게 해 준다. 나는 계산할 생각이지만, 그는 단호하게 말한다. "너그때 나한테 고소미 줬잖아." 이처럼 단순한 나눔이 시간이 지나 관계라는 자산으로 바뀐 것이다.

지금도 우리는 분기별로 만나 머리를 하고 소주 한잔 기울이며 옛 추억과 미래를 이야기한다. 서울에서 나에게 소중한 고향 친구 중 한 명이 되었다. 나는 그때 고소미를 주며 그런 걸 기대하지 않았다. 하지만 주는 마음엔 어떤 진동이 있다. 그 진심이 언젠가 되돌아올 때, 그건 단순한 이익 그 이상이다.

이 세상은 혼자 일할 수는 있어도, 혼자 잘될 수는 없는 구조다. 우리가 사는 구조는 본질적으로 '관계 중심적'이다. 사회심리학에서도 사회적 자본이 성공의 열쇠가 된다고 강조한다. 즉, 사람 간의 신뢰와 유대, 교류 속에서 진정한 기회가 생긴다는 것이다. 결국 주는 사람이 얻는다. 나누는 사람이 남는다.

내가 주는 이 행위는 곧 돈이 되고, 기회가 되고, 좋은 인연이 되어 내 삶에 파도처럼 밀려온다. 그리고 그 파도는 나를 부자로, 더 행복한 사람으로 만들어 준다. 나만 잘되는 세상은 없다. 함께 잘되어야 진짜 부자가 된다

에필로그

이 책 또한 루틴으로 만들지 않길 바라며

  이 책은 루틴을 찾는 사람들을 위한 책이 아니다. 오히려 루틴이 전부인 시대에서, 루틴이 없어도 잘 살아가는 또 다른 사람의 이야기를 담아 보자는 마음으로 쓴 책이다. 요즘은 너도나도 성공한 사람들의 루틴을 따라 하려 한다. 아침 몇 시에 일어나야 성공할 수 있다느니, 하루를 세 등분해 나눠 써야 생산적이라느니, 그런 말들 속에서 누군가는 더 혼란스러워하고 있다. 나처럼 말이다.

  그래서 솔직하게 말하고 싶었다. 나는 매일 같은 시간에 일어나지도 않고, 어떤 날은 하루 종일 콘텐츠만 만들고, 어떤 날은 운동만 하거나 아무것도 하지 않기도 한다. 루틴 없음이라는 말은 단순히 '정해진 틀을 거부하자'는 반항이 아니다. 오히려 나에게 맞는 유연한 흐름을 찾자는 말이다. 물론 그런 삶도 누군가 보기엔 루틴처럼 보일 수 있다. 하지만 중요한 건 그게 '나의 리듬'인지 아닌지다.

나의 하루를 보면 정해진 시간표는 없다. 대신 중심과 방향은 있다. 밥은 챙겨 먹고, 몸은 움직이고, 생각은 글로 정리하고, 하고 싶은 일엔 시간을 쓴다. 그 중심이 내가 나를 지켜 내는 방식이다. 때론 며칠 동안 글이 안 써질 때도 있지만, 그 자체도 흐름으로 받아들인다. 이건 규칙 없는 삶이 아니라 '자기만의 규칙'을 세워 나가는 삶이다.

이 책을 읽은 사람 중 누군가는 나의 이런 흐름에 공감할 수도 있고, 누군가는 말도 안 된다며 고개를 저을 수도 있다. 그 반응 모두 소중하다. 왜냐하면 나는 이 책이 정답처럼 읽히지 않기를 바란다. 성공한 사람의 법칙처럼 받아들이지 않기를 바란다. 나는 그저 '이런 방식도 있어'라고 보여 주고 싶었다. 인생의 답은 정해져 있지 않고, 다양한 길이 있다는 걸 말해 주고 싶었다.

사실 나는 막살자는 사람이 아니다. 해야 할 일을 모르고 방황하는 사람에게 "그냥 하고 싶은 대로 살아."라는 말은 너무 무책임하다는 걸 안다. 그래서 나는 스스로에게 묻고 또 묻는다. "지금 나는 뭘 하고 싶은가? 지금 해야 할 일은 무엇인가?" 그리고 그 대답을 찾아 가며 하루하루를 만든다.

나는 삶이란 '답'을 찾는 과정이 아니라 '질문'을 더 잘 던지는 과정이라고 믿는다. 이 책의 모든 챕터는 내가 내게 던졌던 질문들이다. "왜 꼭 아침형 인간이어야 하지?" "왜 포기하면 안 되는 거지?" "왜 성공하려면 꾸준해야만 하지?" 같은 질문들. 그리고 그 질문들에 대한 나만의 답을 찾으면서 조금씩 나를 이해하게 되었다.

이 책이 누군가에겐 불편할 수도 있겠지만, 나는 그 불편함이 곧 확장의 시작이라고 생각한다. 낯선 관점은 기존의 관념을 흔들고, 그 흔들림 속에서 우리는 자신만의 진실을 찾아간다. 그러니 이 책을 있는 그대로 받아들이지 않아도 된다. 비판해도 좋고, 웃어넘겨도 좋고, 마음에 드는 한 문장만 마음속에 남겨도 좋다.

나는 내가 무언가에 깊이 아플 때, 책에서 위로를 받았다. 한 문장에 울었고, 한 챕터에 용기를 냈다. 그래서 이 책도 누군가에게 그런 책이 되었으면 한다. 완벽한 가르침이 아니라, **불완전한 위로로**.

지금 이 글을 읽는 당신에게 하고 싶은 말이 있다. 루틴이 없어도 괜찮다. 정해진 계획이 없어도 인생은 망하지 않는다. 오히려 루틴이 없기에 우리는 유연해지고, 새로운 길로도 방향을 틀 수 있다.

루틴 없이 산다는 건 두렵기도 하다. 주위에서 정해진 길을 따라가는 사람들이 많기에, 내가 길을 잃은 건 아닐까 불안해질 때도 있다. 하지만 난 이렇게 생각한다. **길은 정해진 곳에 있는 게 아니라, 내가 만들어 가는 것이라고**.

혹시 지금 삶이 뒤죽박죽이고, 계획한 대로 흘러가지 않고, 자신을 미워하고 있다면 이 책이 작은 희망이 되었으면 한다. '이렇게 살아도 되네?' '이런 방식도 가능한 거였어?' 그런 생각 하나만 들어도 나는 이 책을 쓴 보람이 있다.

이 책은 누군가에겐 불친절한 책일 수도 있고, 형식 없는 책일 수도 있다. 하지만 나는 형식보단 진심을 담으려 했고, 정답보단 가능성을 보여 주고 싶었다. 그리고 마지막으로 꼭 말하고 싶은 게 있다.

"당신의 방식이 틀린 게 아닙니다. 그건 그냥, 당신의 방식일 뿐입니다."

이 책 또한 하나의 루틴이 되어 버리길 바라지 않는다. 참고는 하되, 복사하지 않기를. 나처럼 살 필요도 없고, 나처럼 생각할 필요도 없다. 당신만의 길, 당신만의 호흡, 당신만의 인생을 스스로 만들어 가기를.

이제, 나는 이 책을 덮고 내일의 리듬을 따라 또 걸어가려 한다. 특별한 루틴 없이도, 나다운 삶을 살아갈 수 있다는 희망과 함께.

그러니 당신도, 당신의 리듬을 따라 살아가도 괜찮다. 충분히. 잘될 것이다.

루틴 없음
관념을 깨고 나답게 사는 기술

1판 1쇄 펴낸날 2025년 11월 28일

지은이 정용훈

책만듦이 김미정
책꾸밈이 디자인나울

펴낸곳 채륜 **펴낸이** 서채윤
신고 2007년 6월 25일(제2009-11호)
주소 서울시 광진구 자양로 214, 2층(구의동)
전화 02.465.4650 팩스 02.6442.9442
book@chaeryun.com www.chaeryun.com

ⓒ 정용훈. 2025
ⓒ 채륜. 2025. published in Korea

책값은 뒤표지에 있습니다.
ISBN 979-11-90131-21-6 03190

잘못된 책은 바꾸어 드립니다.
저작권자와 출판사의 허락 없이 본 책의 전부 또는 일부 내용을 사용할 수 없습니다.
저작권자와 합의하여 인지를 붙이지 않습니다.